U0051565

看漫畫了解

HSP，

學會再愛自己多一點

喜歡上高敏感的自己

マンガでわかる 敏感すぎる自分を好きになれる本

長沼睦雄 著
林佩玟 譯

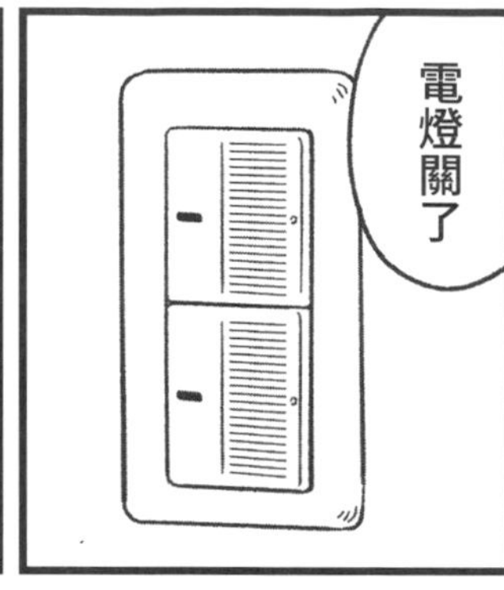

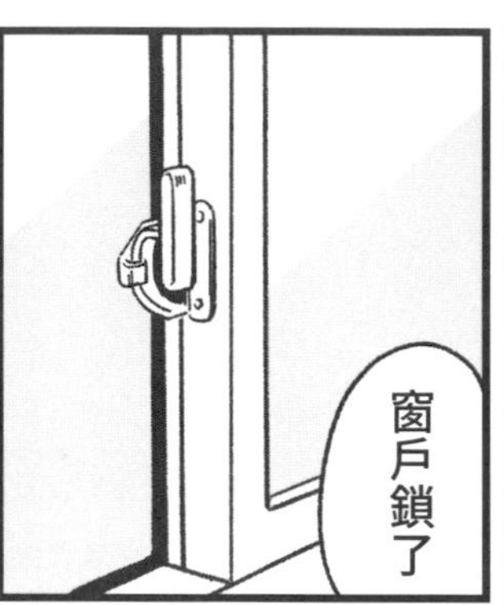

全部確認完畢

深井敏美

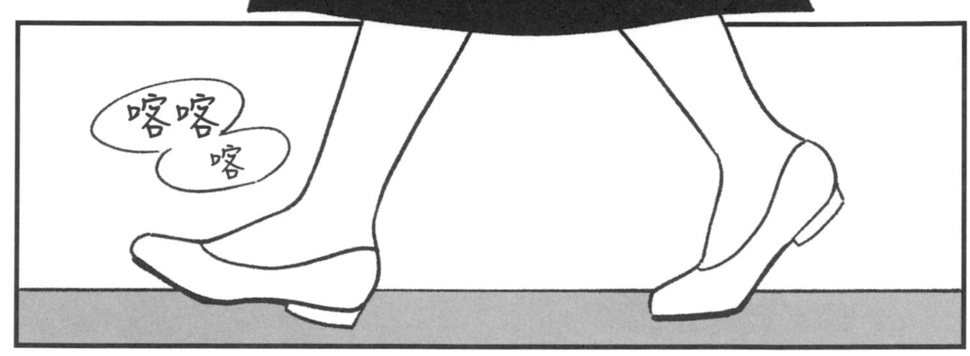
喀喀
喀

嗯
總覺得
喉嚨癢癢的……
嗯嗯
快要
感冒了嗎？

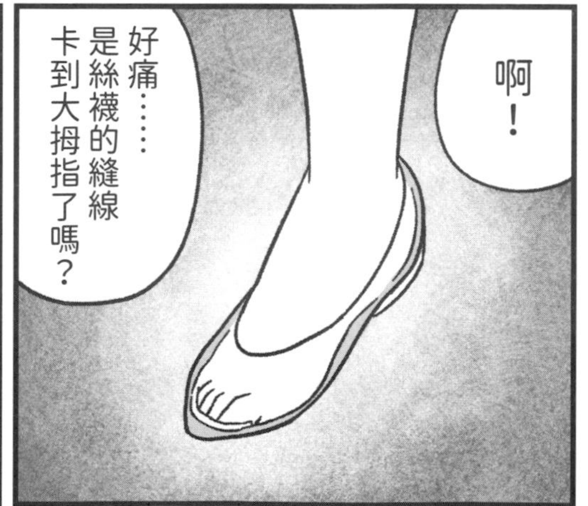
啊！
好痛……
是絲襪的縫線
卡到大拇指了嗎？

沒時間回家
換襪子了……
希望等一下
就不痛了

叮咚
啊
！
碰！
嗶

要不要繞去
便利商店
買喉糖咧
吵雜
○○○站
這樣的話
也買雙絲襪
來換好了？
煩躁
煩躁

嚇一跳
嘖

糟糕，忘了
先把定期票
拿出來
轉身

快速
對不起，大家
這麼趕我還這樣
喪氣

……
惹別人
生氣了……
消沉
嗶

△△站

前面的車子停下來

驚！

好臭

危險！

要先看左右來車！

緊張緊張

唉
筋疲力盡
累死了……

光是通勤的路上幾乎就消耗掉所有體力了
搖搖晃晃
嗚嗚

緊張
！

深井小姐
早安
早安
啊，早安

可以問妳一個問題嗎？
之前開發部新來的仙田課長，妳覺得怎麼樣？
喀喀叩叩
仙田課長？是那個最近跳槽到我們公司的？
就是她！

仙田課長啊……
我不太清楚呢……
我看她講話的語調
要笑不笑的嘴角

應該是想要別人說她壞話吧……
握緊
嗯……

感覺有點可怕呢
或者說難以親近
對吧！

聽說她是從其他公司挖角進來的厲害工程師，所以才那副高傲的樣子吧！
她工作時好像都戴著耳機
是想表達「我和你們不一樣」嗎？

啊哈哈
啊……
我根本不想說她壞話的……

沒有臉見仙田課長了……
客戶服務部
好，朝會開始
客戶服務部
部長
首先是下個月的員工進修

主題是「多樣性」，由各部門派代表上台報告
吵雜
欸……為什麼又……

在會長的一聲令下，本公司的目標為多樣性管理……
動起來！
會長
啊～

不邀請
外來講師嗎？
吵雜
會不會
太小氣啦？
吵雜
多樣性是什麼？
同性婚姻算嗎？

有沒有人
自願上台？
我到時候
一定會出差
啊！你太
狡猾了

是說這時候
根本沒人有
這閒工夫吧
有人要
自願嗎？
就是說
我……

這種討厭到爆的事，我絕對沒辦法!!
瘋了才會站在大家面前講話！
不～
對了，我是石頭……無機物……大家都別發現我
無我
麻煩死了
提不起勁……
誰上台都一樣吧
啊……
應該叫平常沒在工作的人上台吧
感覺好像可以聽見……
誰出面犧牲一下吧！
其他人的心聲……

我來試試看好了……

舉手
那……那個

安靜……
我開玩笑的
我……

謝謝妳，深井小姐！那就拜託妳了!!
別客氣別客氣
不愧是深井小姐！
我這個大笨蛋！慘了！

前言

「身邊的人如果心情不好，自己也會跟著情緒低盪。」

「因為太在意細微的聲音，導致無法集中精神工作。」

「會因為朋友不經意的一句話，而陷入消沉。」

世界上有不拘小節、對事情大而化之、個性樂天的人，也有容易在意小事、一有風吹草動就反應敏感的人。

會拿起這本書的你，應該也是經常注意到小地方，神經纖細敏感的人吧。

這種「會注意到小地方」的反應，不是個性有問題，而是生來就具有「HSP」特質的可能性很大。HSP是**「Highly Sensitive Person」**的縮寫，翻譯為「高度敏感人士」，這是美國心理學專家伊蓮．N．艾倫博士所提出的神經心理學概念。

這是指**對光線、聲音、氣味等各式各樣的刺激非常敏感，會在無意識中敏銳地對身邊發生的微小變化或刺激產生反應的人。**

根據艾倫博士的研究可知，無論在什麼樣的社會環境，都有百分之十五～二十的人是HSP，不僅如此，我們也明白到HSP是與生俱來的特質。有一點風吹草動就產生反應是HSP的特徵，因此，日常生活遇到的各種場景中，有時候非HSP的人可能毫不在意的事，HSP的人也會過度反應，導致累積壓力，因而感到活得很累。

本書透過漫畫，簡單明瞭地整理出如何更理解HSP特質，如何與這樣的特質好好相處。看過本書之後，即使身為HSP也可以輕鬆生活，並喜歡上比他人更敏感的自己。

另外，研究也指出，HSP的敏感特質，讓他們擁有超越常人的敏銳感受性、洞察能力、表現能力和想像力，在本書中，我會傳授如何運用這項優點，以及我從二十年臨床經驗中習得的HSP相關最新見解。

如果各位讀者看完本書，可以更加理解HSP，知道敏感不是麻煩的特質，而是值得驕傲的特質，並有助於克服活得很累的想法，對作者來說便是無上的喜悅了。

十勝MUTSUMI診所院長　**長沼睦雄**

(CHAPTER)

1 你是否對過度敏感的自己感到困擾？

目錄

CHAPTER 2
消除「心累」的要點

CHAPTER 3

讓生活更輕鬆的訣竅

CHAPTER 4

HSP才做得到的事

主要登場人物

深井敏美

任職於電腦軟體開發商客戶服務部門，很有責任感工作也很認眞，但也有容易因爲小事而煩惱的一面，相信「很容易煩惱是因爲自己意志不夠堅定」的關係。

仙田沙也加

電腦軟體開發商開發部課長，工作能力強，是全公司認可的存在。理解自己是「HSP」，已經可以與這項特質好好相處，但旁人卻覺得她是個怪人。

太井剛志

敏美的男朋友，個性直接，一根腸子通到底，天不怕地不怕，想說什麼就說什麼，有一點孩子氣。覺得敏美「文靜乖巧，人很好」。

CHAPTER 1

你是否對過度敏感的自己感到困擾？

慘了！

開發部
仙田課長
收

是要給仙田課長的文件

會計部

開發部？那你順便把這個拿去吧！

今早發生的事……
感覺有點可怕呢……
雖然不是真心的
嗚嗚……好有罪惡感……

其實，我只在仙田課長剛進公司和大家打招呼時見過一次面而已……
她是今天加入的……
不悅……
我是仙田

她這樣算是很可怕吧……
我聽說今天早上的事了
折手指
要是在背後說她壞話的事被發現了該怎麼辦！

打擾了
開發部

天啊，她眞的戴著耳機
打字
打字
不好意思……

安～靜～

不好意思
是！

轉身
抱歉，有什麼事嗎？
微笑
奇怪？
開發部 仙田課長

東張西望
？

很普通呀……
起身
這是會計部轉交的……
啊，謝謝妳特地拿來！

怎麼了嗎？
妳有沒有聽到奇怪的聲音？

啊，妳是說「滋滋滋」的聲音吧？
滋滋……
滋滋滋……
我想說是電腦的聲音吧……

不，平常沒有這個聲音……
剛才我戴著耳機所以沒注意到
咦？有什麼聲音嗎？
那個……

啊！
滋滋……
滋滋滋……
聲音是從外面傳來的吧
外面？

哎呀，眞是太感謝了！
那台似乎是被召回的產品
總務部

要是放著不管搞不好已經發生火災了
害怕～

眞的很謝謝妳們
之後就交給我們處理吧
辛苦了！

這是大功一件呢！
微笑
啊！

撇頭……
這沒什麼啦……

妳是很在意聲音的人嗎？
這個嘛……對……我好像對聲音和味道很敏感……

啊……
安～靜～

那我一定是不小心做了什麼吧
咦？

對不起，讓妳感到害怕了
我先走了
不是的，該怎麼說呢……
驚醒

其實是妳剛進公司那一天留下的印象太強烈了……
不悅……
所以我光憑想像說了妳的閒話……
什麼？
我覺得很抱歉，才無法看著妳的眼睛！
真的很對不起！
這樣啊～不過原因還是出在我身上

我到職日前後幾天，因爲颱風的影響，氣壓比較低……
今天是到職日啊……
所以那一天我的身體狀況非常差……

氣壓的關係？妳平常也是這樣嗎？
對，我本來想隱瞞這點的說
原來都表現在我的態度上了

對不起，讓妳留下不好的印象了
別這麼說！沒什麼關係的！
……其實我

是HSP

HSP……
微笑

醒悟
那是……

指超能力者嗎!?
所以才聽得見微小的聲音啊!
好厲害
那是ESP
毫不留情
搞錯了……
HSP

妳應該也是吧？

什麼？

什麼是高度敏感人士「HSP」？

HSP是Highly Sensitive Person的簡稱，直翻的話就是「高度敏感人士」。

這是美國的心理學家伊蓮・N・艾倫博士提出的神經心理學概念，指的是對於多數人不會在意的聲音、光線、氣味等感官刺激，或各種情緒刺激反應很敏感的一群人。

這種敏感程度和遺傳自父母的基因一樣，是「與生俱來的特質」，無論在什麼樣的社會，不分性別，都約占人口的百分之十五到二十。

「因為別人不經意的一句話而深受傷害」、「只要到人群擁擠的地方，就會筋疲力盡」、「因為在意細微的聲響導致無法專心工作」，諸如此類的煩惱並不是個性或人格方面的錯，也許只是神經比他人更敏感的特質所造成的。

HSP在意的刺激不侷限於聲音、光線、氣味等物理性的東西。

某個人不經意的一句話、現場的氣氛、他人的情緒，甚至是肉眼不可見的能量，也都是「刺激」的一種。

對於各種刺激的反應比他人更敏感的ＨＳＰ，會因為對小事情過度反應而煩惱，或是神經處於緊繃狀態，因此很容易感受到壓力或是容易疲勞。而研究認為ＨＳＰ的這種敏感程度，是來自於神經對於刺激會產生強烈反應的關係。ＨＳＰ雖然容易煩惱，也容易感到疲勞，**但「比他人更敏感」絕對不是一件壞事。**

艾倫博士也主張，「ＨＳＰ受惠於豐富的情感與感受性，是富有創造力，纖細而能力佳且具深度的一群人」。**正因為比他人更敏感，所以能夠更細緻地感受到世上美麗、喜悅的事物，可以品味到現實的豐富層次。**

不過就算同為ＨＳＰ，對於什麼樣的事物、敏感的程度，還是有個體差異。有些人除了五官的刺激，還會對現場的氣氛、氣壓、電磁干擾、人的情緒及感覺、微量的化學物質很敏感，而有些人則是對肉眼看不見的能量很敏銳。本書會介紹如何了解「自己對哪些事物敏感」，以及如何與這樣的特質相處。

HSP 常見的特徵

對刺激的反應很敏感

除了光線、聲音、氣味、味道、觸覺等來自外在的刺激，對於腦內想像、記憶等內在產生的刺激反應也很敏感，這是 HSP 的一大特徵。有些人也會對化學物質或電磁波敏感。

直覺敏銳、常有靈光一閃

擁有敏銳的「直覺」，第六感強烈，常常靈光一閃也是 HSP 的特徵，有不少 HSP 活用其這方面的特性，而從事畫家、攝影師等藝術方面的職業。另外，即使他人不詳細說明，HSP 也經常能夠了解工作程序或事物的順序。

小心謹慎，喜歡以自己的步調做事

因爲敏感所以直覺敏銳的 HSP 具備察覺危險的能力，因此做事小心謹慎，在職場上這樣細心的態度經常受到良好評價，只是僅限於他們不受妨礙，能以自己的步調工作時才有辦法發揮這項特質。一旦有人在看，或是時間有限必須趕工，就會很常發生陷入緊張慌亂，腦袋變得無法運轉。

深入思考事物，重視內在生活

多數的 HSP 是內向型人，興趣或關心的事容易內化到心中，因此會深入思考事物，多數屬於思考型、自省型的人也是特徵之一。受惠於豐富的情感與敏銳的感受性，因此愛好書籍、電影、音樂、繪畫等藝術，並能從中獲得深層的感動。

容易受到身旁的人影響

只要身旁有人心情低落，自己的情緒也會莫名頹喪……因為能夠深度同感身邊人的喜怒哀樂，所以會過度與對方同調，容易被對方的心情或想法拉走，這也是 HSP 的特徵之一。

比他人更容易疲倦

外出一下就筋疲力盡，參加大型活動的隔天起不了床……即使自己沒有意識到這件事，但 HSP 的感覺系統其實經常處於全速運作，生活在自律神經亢奮的狀態中，所以才會容易感到疲倦。

HSP檢測表

本書設計了「檢測表」給懷疑自己是否爲HSP的讀者。
以下問題中只要有一點點符合就圈選「是」，若不符合或不太符合，就圈選「否」。
請依照感覺回答。

- 經常察覺自己身邊環境的微妙變化……是　否
- 常常被他人的情緒左右……是　否
- 只要連續幾天忙碌，就會想躲進被窩或黑暗的房間等私人空間，或是可以逃離刺激的地方……是　否
- 對咖啡因很敏感……是　否
- 不太能夠忍受強光、強烈的味道、粗糙的布料或警報聲等的刺激……是　否
- 擁有豐富想像力，容易沉迷在幻想中……是　否
- 容易受噪音干擾……是　否
- 容易被美術作品或音樂深深感動……是　否
- 很有道德良知……是　否
- 容易受驚嚇（像驚弓之鳥）……是　否

如果必須在短時間內做很多事，就會陷入一團混亂……是　否

如果有人因某事感到不開心，很快就能察覺該怎麼做才能讓對方開心（例如調整電燈的明亮，或換座位等）……是　否

討厭同時有很多事湧進來……是　否

小心謹慎不犯錯、不忘記帶東西……是　否

盡可能不看暴力電影或電視……是　否

身邊如果發生太多事，就會覺得不舒服、神經緊繃……是　否

一旦餓肚子，就會無法集中精神，或是情緒變差等強烈反應……是　否

只要生活出現變化就會一團混亂……是　否

喜歡細緻的香氣、味道、音樂等……是　否

日常生活中的最優先事項爲避免會讓自己慌亂的情況……是　否

工作時若被要求與他人競爭，或是有人在觀察，就會緊張而無法發揮平常的實力……是　否

兒童時期，常被師長認爲是「敏感的孩子」或是「內向的孩子」……是　否

答案若有十二個以上的「是」，就很有可能是HSP。不過卽使答案只有一個「是」，只要這一項的傾向非常強烈，就也有可能是HSP。

檢測表根據以下兩本書籍製作：

《給一點小事就會「驚慌失措」的你》（*The Highly Sensitive Person*）伊蓮．N．艾倫著　富田香里譯
《高敏感族自在心法：你並不孤獨，只是與衆不同》伊蓮．N．艾倫著　張明玲譯

根植於 HSP 個性的四大特質

艾倫博士表示，HSP 的本質中一定有四項特質。
這裡簡單介紹 HSP 擁有的四項特質。

D 深度處理
Depth of processing

大腦可以處理比他人更大量的內外資訊，且經常活躍運轉，因此能夠仔細深入思考。

此特質帶來的結果

- 因爲很仔細思考，因此在起身行動或下決定時很花時間
- 自然而然能夠看出旁人的情緒，懂得察言觀色
- 工作等場合中，可以發現他人沒察覺到的問題或失誤

→詳細內容請參閱第 36 頁

容易過度接收刺激
being easy Overstimulated

比他人更容易接收各種刺激，也容易產生反應，因此會過度負荷，容易感到壓力，需要比他人休息更長的時間，以及注意避免過度的刺激。

此特質帶來的結果

- 只是出門一下下，馬上就感到疲倦
- 想要避免過度的刺激，因此不擅長做在衆人面前發表等顯眼的事
- 在受人關注或測試的情況下，沒辦法發揮實力

→詳細內容請參閱第 38 頁

E ｜ 情感反應強烈，高共感能力
Emotional reactivity and Empathy

可以深度同理他人的感受，也可以自然理解對方的表情及動作中的深意。

此特質帶來的結果

- 他人覺得難過時，會因爲共感而自己也覺得難過
- 情感表現豐富，容易流淚
- 眼前的人就算不說自己的需求，也可以感受得到

→詳細內容請參閱第 40 頁

S ｜ 可以察覺些微的刺激
Sensitivity to Subtleties

經常察覺他人沒有注意到的些微刺激或變化，不僅對聲音、光線、氣味等外在刺激很敏感，對痛覺、汗水等體內產生的變化也很敏感。

此特質帶來的結果

- 馬上察覺自己身邊發生的事，或產生的變化
- 因爲能夠馬上察覺些微的變化，因此可以感受到危險
- 對於體內產生的變化很敏感，所以有時候藥效會太強烈

→詳細內容請參閱第 42 頁

HSP擁有的四大特質①

D 深度處理

可以高速處理大量的資訊……這與腦內的訊息處理有很大的關係，**多數HSP腦內的訊息處理能力極強且複雜。**

眼睛、耳朵、鼻子等器官接收到的感覺（聲音、光線、氣味等），以及來自身體的感覺（溫度、疼痛、壓力等），甚至是肉眼看不見的能量發出的訊息（電磁波、地磁等），這些感覺訊息都是以一定的路線傳達到大腦的特定區域，這些訊息在複雜的階層中經過處理後，我們才有辦法認識這個世界。**而HSP會以極高的敏銳度接收「大量的感覺訊息」，並在大腦裡無意識地進行處理。**

甚至還會將接收到的刺激與過去在書寫或交談等具體行為時用到的龐大腦內資訊做對照，即時修正基於經驗做出的預測與實際結果之間的誤差，因為這些量實在太龐大了，所以要花很多時間處理過多的資訊。

從一樣東西就能獲得各式各樣的資訊，並深入思考

HSP之所以可以從身邊的人一句話或一個小動作，看出對方「好像很煩躁」、「可能有事發生了」、「似乎很煩惱」的情緒或狀況，主要就是因為大量的訊息輸入輸出及訊息處理。**HSP不僅只是接收到事物表面的訊息，他們還可以抓住隱藏在深層的資訊，且在深處的無意識層面進行處理。**事實上某項研究發現，讓HSP與非HSP看相同的照片，HSP大腦處理深入且精密資訊的區塊，範圍比非HSP來得更大且更活躍。

HSP常覺得「無法好好表達想說的話」，原因並非思考跟不上說話速度，而是因為感覺訊息的處理量太龐大，來不及將這些資訊化為語言的緣故。

HSP擁有的四大特質②

O 容易過度接收刺激

短時間外出就覺得筋疲力盡、容易感受到強烈疼痛或疲倦……HSP總是在大量處理身邊的訊息，所以即使是一點小事，也會讓他們陷入過度刺激的狀態。

除此之外，研究認為這與大腦的運作方式也有關係。大腦會先基於過去的資訊進行預測然後才輸出（行動、表現），也會基於過去的情報來處理身邊的訊息。而HSP的大腦原本就已經擁有大量的感覺、情感資訊了，他們會再基於這些大量資訊繼續接收來自外界的情報。**因此，就算是一點小事，也會連結到過去的情感資訊，變成「過度刺激」，然後成為壓力。**

以聽覺舉例，HSP不只是聽見他人沒注意到的細微聲響，還會將這些聲響連結到過去的經驗，例如有些人如果過去曾經歷過很不愉快的人際關係，那麼他們光是出現在人群聚集的派對會場中，就會不自覺地開始收集起和過

對敏感的人來說，大多數時候聲音就像兇器，很難習慣噪音的存在

去一樣不愉快的談論聲或其他聲音（感覺情報）。

此外，對於聽覺敏銳的ＨＳＰ來說，說話聲及腳步聲都很容易成為無法忍受的噪音，研究指出，**對聲音的過度敏感，是所有感官都過度敏感的一項很好的指標。**對聲音敏感的人很難習慣噪音，不少案例是噪音會與情動（情緒波動）反應連結，結果因此變得越來越敏感。當然並不是身為ＨＳＰ所有的感覺就都很敏感，每個人敏感的東西都不一樣，**所以知道「自己對什麼刺激很敏感」非常重要**，而受到刺激的時候，就留一段好好休息的獨處時間給自己。

HSP擁有的四大特質③

E 情感反應強烈，高共感能力

某個研究中顯示，**HSP腦內的神經細胞「鏡像神經元」比非HSP的人更活躍。**

鏡像神經元活躍時，只要看到他人的動作或表情，就像自己也實際做出同樣的動作或表情，可以「在腦內重現相同的動作」或是「感受到與對方相同的情感」。

例如看電視播出的網球比賽時，即使只是坐在電視機前面，只要鏡像神經元一活躍，腦內就會重現選手的動作以及當下的情緒，因而湧現出自己好像也在比賽的感覺。

如果電視上的選手很緊張，鏡像神經元非常活躍的HSP也會感到同樣緊張，這時候因為大腦會自動模擬對方的大腦，所以即使想要緩解緊張感，自己也沒辦法控制。

鏡像神經元活躍時，感覺就像自己是當事人

HSP因為鏡像神經元很活躍，因此會無意識地與他人的情緒同調，也因為如此，他們很能夠體貼他人。這種共感性也是HSP的一大特徵。

另外，每個人在「自己」與「他人」之間都有一條看不見的界線，彼此保持著內心一定的距離生活，而HSP因為情動（情緒波動）的鏡像神經元特別活躍，因此與他人之間的界線較模糊，容易與他人的情緒重疊，所以會被他人無意識的情感控制或壓制，或是反過來，無意識地介入對方的內心，將自己的情感移轉給對方。

HSP擁有的四大特質④

S 可以察覺些微的刺激

從遠方就聽到他人的腳步聲、與平常不同的味道、前方的同事髮型稍微改變了……即使不去特別意識，HSP也可以感受到他人沒有察覺的些微變化或刺激。

因為HSP會像這樣很敏銳地感受到些微刺激，所以造成了他們「容易疲勞」的一面。

科學家認為，這是因為HSP的內臟及自律神經會無意識地對刺激產生反應，相對於非HSP的人，大腦和自律神經的中樞部分更容易發炎。

無論是玩樂或工作，只要和一大群人見面交談，或是轉乘交通工具到處去，這種忙碌的日子一旦持續下去，腦內就會發炎或是症狀復發，開始感受到強烈的疲倦感，因此會想躲到刺激較少的地方，也就是可以一個人放鬆獨處，或是避開他人視線的空間。容易疲憊也是HSP的一大特徵。

感受到些微刺激的能力很強

此外，人的感覺並非只有視覺、聽覺、味覺、嗅覺等廣為人知的五感，還有溫痛壓覺（皮膚或腸黏膜感受到的感覺）、肌肉感覺（感受到肌肉收縮或緊繃的感覺）、深層感覺（感受到關節的位置等內部狀態的感覺）、時間感覺、磁場感覺（可以明白電磁強度或方向的感覺）等各式各樣的感覺。

每個人的能力都不同，感覺也是，有各種多樣性，感受到的程度也非人人相同，而多數HSP的「強烈感覺」有一部分和非HSP的人並沒有交集，所以HSP不被理解也不是什麼少見的事。

外向的HSP!?談「HSE」

提出HSP的艾倫博士利用與HSP相對的另一項神經心理學概念「HSS」，將HSP分為「HSS型」與「非HSS型」。

HSP占全體人口的百分之十五到二十，而HSS型的HSP又占其中的百分之三十，因此人口的約百分之六是HSS型的HSP。

HSS是「High Sensation Seeking」的縮寫，直譯是「追求強烈的刺激」。

HSS是心理學家馬文．祖克曼提倡的概念，意指「具有追求新鮮事物，或複雜且強烈感官刺激的傾向，為了得到這樣的經驗而願意承受風險的特質」。

HSS型的HSP指的是同時具有HSP的核心「敏感」，以及

HSE 雖然喜愛冒險，但也很容易疲倦

HSS 旺盛的好奇心與外向特性的人。

這類型的人又被稱為 **HSE**（Highly Sensitive Extrovert）。

HSE 是與艾倫博士從事共同研究的賈桂琳．史翠藍（Jacquelyn Strickland）所提出的概念。

HSE 就算只是漫步街頭，也會察覺細微的事物。熟悉的路上開了一家新的店他們馬上就會發現；常去的餐廳只要味道有一點點不同，他們也會立刻注意到。

他們的直覺靈敏，第六感也很強，對於對方的情緒變化也很敏感，擁有看穿虛假的銳利眼光。

大膽卻纖細，活潑又容易受傷也是他

們的特徵。

乍看之下他們是開朗外向喜歡交朋友的類型，但其實內在有很深沉的煩惱，並且努力不讓人察覺他們在煩惱。

只是有時候他們雖然一臉沒事的樣子，一旦敞開心扉之後，煩惱和疑問就會傾巢而出。

各位覺得怎麼樣？即使都歸類為HSP，從超級敏感的人，到只比非HSP敏感一點點的人，中間的光譜幅度非常大。

HSS**型的HSP，或說HSE之中，也有一些人是為了適應社會，而對外展現HSS的一面，但一個人獨處時就回到HSP的類型。**

HSE具有HSP的「太過善良的特性」，以及完全相反的「太過惡毒的特性」這兩種極端的特質。

因此他們難以歸類至特定的類型，多數HSE自己很難理解自己，也很難獲得他人的理解。

HSE ①

茂樹課長，你週末有去哪裡玩嗎？
哦！
我去潛水了
好佩服！也太有活力了

週末怎麼可能一直待在家裡！
啊哈哈哈
你也不要老是窩在家！要是代謝症候群越來越嚴重怎麼辦

唔……神經也太大條了吧！茂樹課長一定和HSP無緣……
……
嗚哇～
打字
打字

對不起，我說得太過分了
喪氣
誒!?
什麼東西？你指哪件事？

HSE ②

下班後
低沉
低沉
……

深井……
驚！
什、什麼事？

他明天會來上班吧？他應該不會往心裡去吧
咦咦咦？

怪了，比想像中還纖細呢……
？？
垂頭喪氣

身爲 HSP 的敏美①

占卜約會

3.9 星

CHAPTER 2

消除「心累」的要點

也許你也是喔？
HSP 診斷
來試試HSP診斷吧！
敏美的男友
剛志
啊……
這種東西啊～
一驚
你不覺得不管是誰都可以符合嗎？
……就、就是說！
意思是他們很纖細所以我們要多體諒？

打字
打字
叮
嗯？
SyanaiChat
深井小姐？
深井敏美 1
喫茶
咖啡
哐啷
哐啷
OPEN

仙田課長！
嗨～

不好意思讓妳跑一趟！
別這麼說！

我要咖啡拿鐵
這間咖啡廳很棒呢
是呀！我很喜歡這裡

很安靜，椅子冰冰涼涼的也不會搖晃
哦！很像HSP會做的選擇呢

……
我沒想到自己會找妳商量HSP的事……

我想要治好
HSP
我一直很討厭
很討厭自己這
麼脆弱……
從小我就不停被
父母和老師說
有一個奇怪
的味道～
「妳這樣以後要怎
麼在社會上生存」
之類的話
我自己也很明白每
次發言別人都會覺
得我「很難搞」
實在太痛苦
了……
好幾次我都想
乾脆扼殺自己
的情感

喀鏘
……
很可惜……

如果我可以身為遲鈍的人不知道該有多好……

HSP無法治療
因為這並不是一種疾病

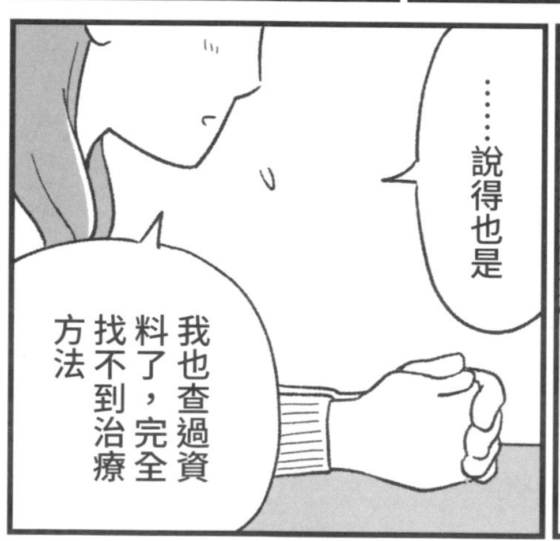
……說得也是
我也查過資料了，完全找不到治療方法

不過呢
還是有辦法可以和HSP好好相處
MENU

其實，
我也曾有過像妳
一樣煩惱的時期
不過我慢慢找到
適合自己的應對
方式，之後整個
人就輕鬆了起來
明日的氣壓
8:00
10:00
注意
明日氣壓
會大幅降
低
如果妳不嫌棄的
話，我可以把我
知道的方法
全部告訴妳
妳要不要
也試試看
！
可以嗎？
請妳教我！

不是「因爲身爲HSP所以才活得很累」

光是和他人交談就覺得非常疲倦、很容易太過在意旁人的一舉一動……HSP因為敏感的特質所以在生活中常感到「活得很累」，或是旁人無法理解自己而覺得難過。

不過，**並不是「因為身為HSP所以才活得很累」**，HSP活得很累的感受，是因為沒有察覺到自己的敏感，覺得自己和社會價值觀格格不入而痛苦，或是煩惱人際關係而產生的**「後天感受」**。

簡言之，**就是只要知道怎麼應對敏感，就能夠事先預防。**

容易接收各種刺激的HSP，如果身處在有大量刺激的環境，或是旁人無法給予理解的環境，就容易受傷。不過，**只要待在適合自己特性的環境中，就可以發揮個性與才華，並且活出自己。**現在正覺得心累的讀者請相信，心累的程度絕對有可能減輕，本章將會介紹具體的做法。

HSP 的特質①

HSP 的特質②

減輕心累的「三大重點」

無論是多麼敏感的HSP，只要改變思考方式或生活方式，都可以慢慢減少生活中的痛苦。

減少痛苦，不再被他人牽著鼻子走之後，HSP就可以發揮獨特的豐富情感、想像力、敏銳的感受性或靈感等特質。

不僅如此，還能夠「以自己為重心生活」。

為了減輕活得很累的想法，最重要的就是「了解自己」、「創造環境」、「應對策略」三項，這是心理治療也在使用的思考方式。

首先要找出**「自己對什麼東西敏感」**、**「有多麼敏感」**，HSP要從「我這個人的HSP特質」開始深入正確「了解」，而不是去了解普遍性。如果是敏感產生的問題，那就需要更詳加了解自己的敏感。

接著是思考**「應對自身敏感的具體對策」**並採取行動，不過在那之前，

透過「了解自己、創造環境、應對策略」，讓人生更輕鬆

還需要打造「環境」。請下定決心並且起身行動，轉換到能夠充分理解自己HSP的特質、願意完全接納且活用該特質的環境。

身在不適合的環境中，不論再怎麼努力，都只是平白消耗自己，很難「展現出真正的自己」，並且「創造出全新的自己」。

了解自己，以「新的環境」為根基實踐應對策略，這樣情緒和身體一定會感到輕鬆不少。

接下來會更詳細說明關於「了解自己、創造環境、應對策略」這三項做法。

①了解自己

自己對哪方面很敏感？

首先要理解自身的HSP特性，知道自己敏感的內容之後，就可以明白在思考應對策略時該將重點放在哪裡，**因此要先重視養成「回顧」的習慣，每天確認自己的大腦、內心與身體的狀態**。

什麼時候會讓你感到情緒波動、去到什麼樣的地方身體會不舒服、吃了什麼食物會搞壞身體……不管是一天結束時，或是一發現就去做，只要給自己時間回顧，就會開始看出容易讓自己敏感的傾向與對策。將發現的事項記錄在筆記或日記中，累積起來，便能夠成為正確了解自己的「一大幫助」。

除此之外，在實踐「回顧」的同時，建議配合閱讀有關HSP的書籍。

還有，如果發現自己無法理解的特性時，也可以考慮尋找專家（專長是HSP的精神科醫師、心理諮商師或是輔導人員）商量。

決戰

竭盡全力的仙田課長

②創造環境

轉移到可以發揮自己特質的「環境」

無論是生活或工作，選擇環境時的重點在於下定決心，**從辛苦的人生中解放自己，「要讓自己更自由」，並把重心放在自己身上。**

有時候即使嘴上說著、大腦想著「好想活得更輕鬆、好想消除心累」，但其實內心還是隱藏著「這樣就好了，不想改變」的念頭。像這樣做的與說的不同，在潛意識中思考負面想法的情況稱為**「心理逆轉」**，在這樣的情況下（內心還有負面想法的狀態）反而會越來越辛苦。

因此這時候最重要的，**就是肯定自己身為HSP的一切，告訴自己不再以他人為重心生活，等待時機轉換到新的環境。**做到這些之後，才算是建立了自由活出HSP的自己的「根基或底盤」，否則再怎麼於爛泥中掙扎，都只是越活越痛苦而已。就看是要窩在泥中以泥為糧，任憑泥外花朵盛開，還是要選擇下定決心脫離爛泥，活出自己的光彩。

心理逆轉①

這個可以丟掉了
咚！

好！我也想丟掉！
抓緊
蛤!?

放手，妳這樣根本丟不掉
我也很想丟掉，可是……
用力拉
嗚嗚

我的手放不開呀，上面是不是有塗強力膠？
拉拉拉……
不是啊！妳的握力也太強了
誒誒誒？

心理逆轉②

沒想到要丟掉背負了二十九年的東西竟然會這麼害怕……
呼呼
呼
這就叫心理逆轉

大概是因爲這樣的想法也保護了我很多次……
嗚哇
敏美妳幹嘛哭……

眞掃興，妳是乖寶寶喔？
妳要向大家敞開心胸！
玻璃心就要鍛鍊肌肉

呃，其實也沒有啦
奇怪？
擦
那就放手吧

③應對策略

做好準備與自我照護

深入了解自己的ＨＳＰ，並轉換到新的環境之後，就要清除身上的爛泥，也就是「應對刺激的策略」了。

不同類型的敏感應對方式也會有些不同，但是基本策略只有兩項。一是不要讓爛泥沾附在自己身上，**「做好準備讓自己盡可能活得輕鬆一點」**；再來第二項是清掉身上的爛泥，意即**「有意識地照顧自己」**。

第一項策略「做好準備」包含：

- **事先隔絕會成為爛泥的「刺激」**
- **打造讓自己便於活動的生活環境**
- **努力讓身邊的人更加理解ＨＳＰ**

以上只是列舉幾點。有些和「②創造環境」稍微重疊了，但總之就是打造適合自己的生活環境，包括人際關係，盡可能讓自己生活起來輕鬆一點。

其中最重要的就是隔絕負面刺激了。

讓ＨＳＰ敏感的刺激除了光線、聲音、氣味之外，還包含了化學物質、電磁波、現場的氣氛等肉眼看不見的東西。

如果很清楚什麼東西會散發刺激的話，盡量避開那些東西就能做到隔絕刺激，但像是食品內含的化學物質或電磁波等，幾乎都是肉眼無法判斷的東西，因此或許很難隔絕刺激。

遇到這樣的情況，首先就是要鎖定讓自己敏感的「兇手」。

平常就要盡量多關照自己的身體以及內心的狀況，養成檢視自己狀態的習慣，就能夠在某種程度上辨認會讓自己不舒服的情境。能夠辨認情境之後，再來是一樣一樣確認當時吃的東西或做的事情，清楚掌握讓自己敏感的兇手。

接著，知道兇手以後，就是隔絕那樣的刺激。

其他還有例如住在噪音嚴重的地方就搬家、事先告知親近的人或職場同事自己不擅長人數眾多的飯局等等。事先做好準備，不要讓自己陷入「為敏感所苦的窘境」，就可以避免大量壓力，受到負面刺激而煩惱（痛苦）的狀況也會越來越少。

第二項策略「有意識地照顧自己」則是「做好準備」的下一個階段。

無論做好多萬全的準備隔絕刺激，都還是會因為突發事件而接收到刺激，不少人也會因此感到煩惱，**這時候就要進行「自我照護」，淨化自己的大腦、心靈與身體，或實行排毒，以避免刺激引發的負面情感或是身體不舒服惡化。**

「事發後的對策」讓自己即使接收到令人煩惱的刺激，也能夠處理負面情感，只要先擬好這類的對策，心情上就會輕鬆很多。至於可以緩和壓力或敏感導致的疲勞等修復方式，則有睡眠或泡澡等很多選擇。

對於總是以他人為重心的ＨＳＰ來說，似乎有很多人不懂得如何照顧自己。「還可以繼續努力」其實是「該休息了」的徵兆，請在大腦與身心消耗殆盡之前稍微休息一下，遠離刺激，以便早日充滿電。

在演變成不管休息多久都還是疲倦不堪的「慢性疲勞」之前，好好休息，排出累積的壓力。正因為ＨＳＰ對刺激很敏感，所以了解淨化與排毒，並有意識地實行非常重要。

不必要的刺激對ＨＳＰ來說就是「爛泥與毒素」，自我照護可說是乾淨清爽生活的重要習慣。

害怕營火

我非常容易覺得累，是HSP的關係嗎？
這個可能性很高喔

所以照顧自己很重要
悠閒泡澡
或是做瑜伽
對了，說到療癒，最近很流行營火呢
！

妳不覺得營火在感受到療癒之前，會先因爲擔心火沒完全撲滅而不安嗎？
沉重

還有蟲子會飛過來！以及萬一火星飄到其他地方怎麼辦！
光看就覺得害怕！！
嗚……
老實說我懂……
對吧！！

可怕

我爲了想要生活得更輕鬆，所以搬到安靜的郊區
好有決心！但一定要做到這種程度嗎？

從小事情開始嘗試也可以啊！
原來如此
我家西曬很嚴重，把窗簾換成遮光性高的好了

啊，還有最近鄰居自言自語讓我也很在意
要不要和房東商量看看
這樣太可怕了吧
是呀，搞不好對方會惱羞成怒

不是啦，萬一房東說「隔壁是空房」那我就一天也住不下去了
這的確是很可怕
毛骨悚然

自我照護的方式①

每個人適合的自我照護方式都不一樣，請找出可以讓大腦與身心真正放鬆的方法。這裡介紹幾種自我照護的方式。

①冥想

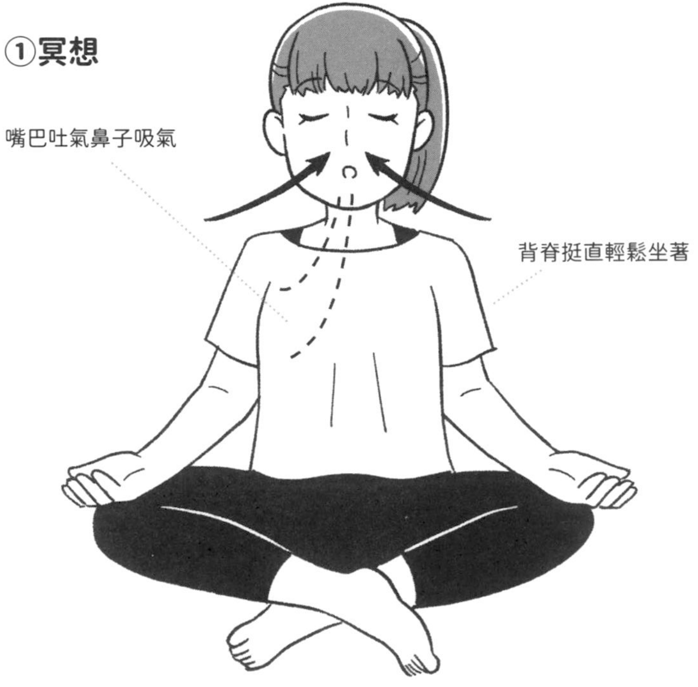

在安靜的地方挺直背脊，以輕鬆的坐姿坐著，然後慢慢閉上眼睛。像是將肺部完全排空一樣吐氣，接著從鼻子緩緩吸氣（這時候想像空氣流到全身）。不要執著在雜念或是體內的刺激，把意識放在自己的呼吸上，在重複呼與吸之間雜念應該會慢慢減少。持續呼吸直到自己覺得滿足。

②手浴、足浴

在水或腳可以輕鬆放入的容器（例如臉盆）中倒入 40 ～ 42 度微熱的溫熱水，手或腳浸入水中 10 ～ 15 分鐘。如果時間充裕，同時按壓手腳的穴道或按摩肌肉可以更加放鬆。雖然按摩時刺激的是末梢神經，但會讓副交感神經處於優勢，因此能夠促進全身血液循環。

自我照護的方式②

③留意吃進嘴裡的食物

腸道內的壞菌群會因爲食物、壓力或藥物影響而增加，一旦壞菌增加，腸道就會慢性發炎，而研究顯示，腸道發炎與身體和大腦發炎息息相關。**改善飲食習慣對大腦和身心的「淨化」與「排毒」具有強大的效果，為了抑制腸道與大腦發炎，請有意識地進行下列三點。**

①攝取 Omega-3 類的脂肪酸

脂肪酸是組成細胞膜的成分，其中屬於「Omega-3 脂肪酸」的 DHA 和 EPA 等脂肪酸對大腦運作有良好的影響，可以抑制大腦發炎，甚至因爲是大腦細胞膜的組成材料，因此對於活化大腦細胞有正面效果。「亞麻仁油」和「紫蘇油」都屬於這類。

②食用抗發炎食材（香草、香料）

香草及香料可以抑制發炎，具有抗菌作用，促進解毒，能夠幫助肝臟解毒、抵抗壓力，以及發揮抗菌作用。肉桂、薑、丁香、甜茴香、紫蘇、綠豆蔻等，這些香料常用於中藥材中。

③攝取整腸食品

益菌擔任了調整腸道的重要角色，而益菌的食物來源爲「酵母食品」、「寡糖」、「膳食纖維」，請有意識地攝取這些食品。益菌在吃下這些食物之後，會在腸道內繁殖「比菲德氏菌」或「乳酸菌」等好菌，並減少壞菌，透過這種方式，就能夠減少發炎的可能。

腸道與大腦息息相關？

腸道內有一百兆個細菌以及其十倍的病毒生存，可以說人體就是微生物的集合體。大腦與腸道透過腸道細菌進行雙向溝通，這條管道稱爲「菌腦腸軸」，而大腦與腸道細菌也會透過腸道密切接觸，腸道細菌會改變我們的大腦與運作大腦的心智，因此**培養腸道細菌是獲得並維持身心健康最好的方式。**

腸道細菌會因爲食物、藥物、農藥、壓力等產生急遽變化，因此透過食物改善及最佳化腸道細菌是最簡單也最有效的方法。近年來發現，各種慢性病的產生都與腸漏症（腸黏膜的屏障功能低下，導致腸道內未消化的食物、老廢物質、微生物等外流到血管中）有關。

小腸內有用於吸收營養素的「洞」，其機制可以讓營養素和水分通過，但會阻擋蛋白質、多醣類、細菌、病毒、未消化食物等大分子通過。

而這些洞越變越大，造成與我們體內成分相異的異物進入體內，就是腸漏（Leaky gut）。

當腸道環境惡化時，爲了破壞腸內的異物，免疫細胞就會開始活躍，而這些免疫細胞分泌的活性酸液會讓腸道發炎，引發腸漏。

研究指出，大腦也會因同樣的機制產生腦漏症（因爲身體慢性發炎，導致發炎細胞與發炎物質外流到腦中）。

慢性壓力、不健康的飲食、頭部外傷、糖尿病、暴露在環境有害物質及重金屬中、自體免疫疾病、攝取到食品添加物、全身性發炎、睡眠問題、慢性感染症等，都是引發腸漏症的契機。免疫細胞及發炎物質會透過血液、淋巴液和神經細胞影響腦血管，進而產生腦漏（Leaky brain）。

爲了預防腸漏和腦漏，就必須改善飲食習慣。

不要再當個乖孩子

接下來想要告訴各位讀者，除了「了解自己、創造環境、應對策略」三項之外，還有「希望各位一定要重視的思考方式」，只要在日常生活中時時意識到這些，就能漸漸減少心累。

首先，**希望各位有意識地「不要再當個乖孩子」**。

HSP擅長讀懂他人的想法，所以從兒童時代開始，就懂得過度猜測或是過度解讀，以說出或做出可以取悅大人的事，這種「當乖孩子」的習性，即使長大成人之後也沒那麼容易戒掉。

無論大小事都配合對方的話，就會在不知不覺間喪失自我。最後的結果，就是某一天內心無法再承受而失去平衡。雖然要完全戒掉「當個乖孩子」不是容易的事，不過**請找出可以安心吐露心聲的同伴或場所**，開始一點一滴地展現出「真正的自己」。

不要再當個乖孩子

第一步是先在身邊找出不會生自己的氣、不會否定自己、願意接納自己的人，試著耍任性寵愛自己；再來試著做一些依靠自己的特性就能做到的事，藉由這些事帶給他人喜悅，獲得他人感謝。

這麼做，**可以找出自己「內心的歸屬感」，並減少對自己說謊或是扮演乖孩子的習慣。**接著要記得，珍惜能夠看重不是「乖孩子」，而是真正的你的那個人。

不要過度努力

大多數ＨＳＰ的共通點就是「容易疲倦」。

ＨＳＰ雖然對壓力的閾值很低（容易對壓力產生反應），但卻還是持續接收各種刺激，繃緊了神經在生活，也難怪會容易感到疲勞。

首先，要牢記「不要過度努力」、「不要過度忍耐」、「不要過度承擔」，只是有很多人實在做不到這些。明明對各項刺激都很敏感，卻唯獨對自己的疲勞很遲鈍，可以說是「ＨＳＰ的常態」了。

知道自己是ＨＳＰ之後，**要有意識地注意自己容易疲勞，定期留給自己一個人休息的時間。**例如自己設定加班的時限、就算天塌下來一週也要休息兩天等等，要和自己定下這樣的約定。

如果勉強神經超越極限，大腦和身心都會變得脆弱不堪，很可能輕輕一折就斷掉。身體不舒服、食慾不振、失眠、焦躁、大腦無法運轉等都是來自身體的求救訊號，**當你覺得「還可以再加油」的時候，就是該停止加油的時候了。**

這不只是在工作方面，私下生活也要多注意。HSP因為深具道德良知的個性，以及可以讀懂對方情緒與期待的敏感度，因此即使不想參加的聚會，常常只要有人邀約就無法拒絕，這也是無法以自己為重心生活的證明。

不要勉強自己，請優先考量以自己的身體為重，然後再來選擇要做什麼。

攻擊力 20

不要怪罪自己，要肯定自己

HSP自從懂事以來，就能察覺到自己與他人的不同之處、自己沒有像旁人一樣的能力，並且為此自責，不斷尋求旁人的肯定。

希望有人理解自己、希望別人肯定自己，這樣求認同的欲望，其實就是責怪自己、否定自己。當察覺到自己有這樣的傾向之後，請不要再往外追求別人的肯定，而是要先自己肯定「自己」，包含敏感的那一部分。這時候要注意的是，不要評判敏感的自己是「好或不好」、「堅強或脆弱」，**不要帶著他人的眼光判斷敏感的自己是善惡或強弱，而是將重心放在自己身上，接納肯定纖細且敏感的自己。**這是第一步。

能夠接納並肯定「我就是我」之後，「原本的自己」就會開始萌芽，只要持續肯定自己而不是向外尋求肯定，便能夠開始坦率地接納包含敏感那部分在內的「本來的自己」。學會肯定自己以後，也會開始肯定他人，這麼一來，和他人之間便可以拉開內心的距離，建立起界線，開始以自己為中心，有主見地生活。

另外，多數的ＨＳＰ在遇到突發問題時，習慣尋求他人的肯定，或是責怪自己。**先停止想著「希望別人理解我」、「或許是我的錯」，而是改變視角，「我就是我」、「也許是對方的錯」，試著全方位肯定自己**，當你可以察覺到雙方看事情的方式有差異時，應該就能夠拋開「都是我的錯」的迷思。

理由

和男朋友分手後的敏美
如果我再多忍耐一點……
嗚 嗚
吸鼻子
也許我們就可以處得更好……
糟糕，我又陷入自責的模式了！
嗚
剛志也有他不好的地方呀……

我想想，強勢、不願聽我說話、只談自己的話題、健忘、約會自作主張卻又不守時、神經大條……
還有這些、那些，以及

……
我爲什麼會和他交往？

重視正向情感

前面已經提到，HSP因為容易疲勞，或是傾向責怪自己的習慣，所以有很多煩惱，即使想要擺脫鑽牛角尖煩惱的自己，即使拚命想要改變思考模式，但就是很困難……大家有沒有這樣的經驗？

這是因為「痛苦、悲傷」等情緒，以及「倦怠、疼痛」等感覺，也就是負面「情動」大幅影響了思考的關係。

情動來自於我們無法控制的「潛在意識」，我們的大腦裡容納了過去到現在所有的龐大記憶，遇到外來的刺激時，就會基於記憶或腦內的資訊，預測可能發生的情感並實際輸出，經過這些流程產生的就是情動。

因此無意識接收的刺激就成了導火線，讓HSP莫名所以地感到悲傷；出乎意料地流淚，搞得自己也很吃驚；或是突然陷入負面思考。

不過**思考與情動是互相作用的關係，所以在陷入負面思考時，只要有意**

識地主導情動，就可以改變想法。

有意識地讓身體覺得舒暢、覺得興奮，這樣的身體感覺會傳達到大腦，活化前額葉，然後開始轉向正面思考。

交互刺激身體兩側（請參閱第117頁），同樣也可以活化前額葉，引導出正向思考。

轉換心情時的插曲

身爲 HSP 的敏美②

還在在意啊！

大混亂

CHAPTER 3

讓生活更輕鬆的訣竅

喫茶
咖啡
歡迎光臨
OPEN

請問有中意的座位嗎？
那……我想坐窗邊的沙發座

她一定記得我的長相
決定好之後我再過來
好
MENU
卻顧慮我而裝作不認識

就是這一點感覺真好

HOT COFFEE

話說回來……

仙田課長教了我好多「輕鬆生活時該注意的事」，

真的很實用呢

用抗噪耳機
隔絕在意的聲音！

我再告訴妳
不錯的牌子

想像與對方
之間的界線

利用想像力不被對
方的情緒牽著走！

替換床單和被單之後，
睡得比過去更熟！

光滑柔軟的材質♡

她不但聽我說了大大小小的事

就是這樣……
就是那樣……

還和我一起思考解決方式，真開心

嗯……

不只是HSP方面

現在也比之前更了解自己討厭及喜歡的事物
不但每天變得輕鬆很多，感覺也變開心了

拿
原來理解自己是這麼重要的事啊……
很好！

下次的簡報也用這種態度加油！
咚！

翻頁
多樣性啊……

再次查過資料以後
出現很多內容，像是「擁有性質南轅北轍的群體」……
嗯……

公司的確是聚集了不同性質……個性的人呢

從擁有多樣性的優點這個角度來思考吧
在進行某樣工作或解決問題時，需要性質多元的成員……
多樣性

一群想法各異的人聚在一起，就可以提出各種不同的意見

但像我這種敏感的人會不會只是拖累大家

嗯～

不行，太難了！
來想點別的事吧！
鏘！
可以輕鬆完成的
簡報術

製作簡單明瞭的資料也是個重要課題呢
紅蘋果和綠蘋果
看起來顏色一樣
原來如此
有些人會分不清特定的顏色

像我就是不擅長看對比強烈的畫面！
製作投影片時也要注意顏色的使用
原來如此！

研修會
深井敏美
客戶服務
對了，我的順序是最後一個

快結束的時候大家都會很累

希望可以讓大家聽簡報時更輕鬆
可以利用講話方式來改變嗎？
為聽眾著想一定也很重要

為他人著想啊
說起來……
cafe
數年前
聽我說，敏美！
什麼事？

妳知道駒田吧？
我之前碰巧遇到他，聽說他要繼承家業
敏美的朋友 司彩
淳子

這樣啊！
那他要回老家了吧
數年前的
敏美

啊，駒田是
以前我和司彩打工地方的大學生

啊呀這樣啊！
他本來很煩惱畢業後要做什麼，看來他決定了，太好了！

……
敏美妳啊

不經意地為人著想這點太棒了
咦？

我懂！簡直就像天使！
說什麼啦～
是真的

像剛才談到我聽不懂的話題時，妳一定會補充說明給我聽
咦！這很普通吧？
啊哈哈

哪有！這才不普通呢！
我完全沒發現這件事，只顧著說，真的還好有妳在！

敏美就像那個吧，潤滑劑
沒錯，真希望每家都有一個敏美這樣的人
我懂，感覺全家會和樂融融
為人著想啊

因為這對我來說很普通，所以沒想過這會是為人著想
雖然那位店員的態度讓我覺得很舒服

但對希望店家記住自己的顧客來說會不開心吧
師傅，老樣子！
沒問題！
常客才有的對話

應該有些人會覺得我的敏感很煩吧

但也會有人很需要我這樣的敏感……
自言自語

認真

打字
打字
……好了！

了解更具體的應對方式

第二章提供了消除ＨＳＰ活得很心累的思考模式了。

重要的是清楚了解「自己的敏感」、了解之後擬訂具體的應對方式，然後最重要的，就是不要否定敏感易傷、容易疲憊的自己，而是完整接納自己，下定決心「與之共生！」。

可以肯定自己，選擇他人願意肯定自己的環境之後，就能夠展現ＨＳＰ情感豐沛、具敏銳直覺、貼近人心等優秀的一面並運用自如，如此一來，一定會比現在還要更喜歡自己。

本章中會進一步介紹更實用的內容，具體設定ＨＳＰ在日常生活中經常煩惱的場景，說明每一個場景的應對方式。

經過反覆閱讀並實踐之後，下次再遇到困擾的場景，就能夠不慌不忙地應對了。

「煩惱場景」索引

煩惱①──容易被他人情緒左右

HSP區別自己與他人之間的界線模糊，因此容易受周遭人的情緒影響，看到垂頭喪氣的人自己也會跟著心情低落，或是會將別人的煩惱當成自己的煩惱一樣傷腦筋。

應對策略

- 不要接近情緒負面（憂鬱、不安、憤怒、悲傷等）的人
- 接收到負面情感之後找個「隱形的垃圾桶」全部吐出、傾倒
- 做想像訓練，在自己和周圍之間畫出界線，拉開他人與自己的距離

首先是看到情緒低落、不安、憤怒或悲傷的人時，要竭盡全力避免接觸。

「那個人現在好像很不爽」，ＨＳＰ從表情和氣氛就可以感受到一個人是否處於負面情緒，因此如果可以不要扯上關係的話，打從一開始就避開是最簡單的。

問題是，萬一工作上非去找對方說話不可，或是之前就約好要見面的對象一出現就悶悶不樂等情況，就是無法避免的場景。

這時候重要的，**是將意識集中在工作或話題等「事情」上，而不要被對方負面情感等「人」給分散了注意力。**再怎麼在意，也要將意識的關注焦點「分為事情與人」，以隔絕他人的負面情感。

我們必須在自己與他人之間保持肉眼看不見的內心界線與距離才能好好生活。只要清楚劃分出界線與距離，就不會將對方的情況套在自己身上，或是讓自己的意識集中在對方的想法及情感中。

ＨＳＰ因為內心的界線很模糊，所以容易成為商量的對象，或是變成苦水的傾聽者。善良體貼又能深度同感的ＨＳＰ，可說是理想的傾吐對象。

ＨＳＰ的共感能力對訴說者是件好事，但有時候對ＨＳＰ本人來說卻是「多餘的才華」，因為ＨＳＰ與他人的界線模糊，對方的感受容易與自己重疊，因此會無意識地吸收他人的煩惱與痛苦。

對方也許吐完苦水就無事一身輕了，但結果卻常常是ＨＳＰ塞滿著來自對方、自己根本不需要的負面情緒。

即使對方說「聽我說嘛」，也要抱持著被討厭的勇氣，「我現在很忙沒辦法」，果斷拒絕；萬一真的非聽不可，就在想像中畫出一條清楚的界線，拉開內心距離，將意識放在「不要踏入對方的界線，也不要讓對方踏進來」。

界線可以透過想像訓練或言語強化。不管站著或坐著都可以，閉上眼睛，想像自己與對方之間，或是自己身旁包覆透明隔板，然後在內心反覆唸著「立起隔板」、「遮斷外界」。即使每天五分鐘也好，只要反覆練習，就可以漸漸清楚意識到界線，這麼一來，就算與他人相處，也能夠感受到堅固的界線保護著自己。

只是無論界線再怎麼清晰，有時候還是會接收到來自他人的負面情感，這時候該怎麼辦呢？

盡全力將來自他人的不愉快情感吐到隱形的垃圾桶裡

遇到這種情況時，建議在與對方分開之後，**到可以獨處的空間，將那種討厭的情緒吐到「隱形的垃圾桶」裡**，這是「獅子吐水」，一種心理學的手法。

先想像眼前有個隱形的垃圾桶，在心中對著竄進自己內心的對方不愉快的情緒默念「把不屬於自己的東西還給對方」、「我不需要這個」，然後盡全力把舌頭往前伸，發出「嘔」的聲音，一鼓作氣將負面情感吐出來。吐出來的東西就倒掉或是用水沖掉。

使用這個方法時，訣竅是清楚想像那些負面的情緒。這個方式對於消除負面情緒非常有效。

煩惱②——無法拒絕他人的拜託

善良且氣勢較弱的ＨＳＰ遇到他人拜託時，很難狠下心拒絕，因為知道拒絕後對方會傷心，所以總是忍不住接下。無論是於公於私，只要持續「無法拒絕」，就會不斷將對方的勞苦背負在自己身上。

應對策略

- 利用「『我』開頭」改變拒絕的措辭，果斷拒絕負擔不了的請託
- 試著「協商」，而不是只能拒絕或接受二選一
- 優先去做自己想做的事，堅定活在自己的人生中

「我要是拒絕了對方一定很難過」、「我一定要幫他想辦法」，HSP就是會這樣過度體察他人的想法。

可是**只顧著體察他人，老是將自己擺在最後面，只會「活在他人的人生中」，而不是「活在自己的人生中」**。每個人都有自己想做的事，不用擔心，去做自己現在想做的事沒關係。

若要活在自己的人生之中，想拒絕時就該拒絕。

HSP不該做的反而是「過度忍耐」、「過度努力」，以及「責怪自己」。無法拒絕他人的請託而接下工作，會造成工作量增加，並且將自己逼入必須忍耐討厭的感覺勉強努力的窘境，甚至會責怪沒有達成任務的自己。可是只要記住拒絕對方，珍惜自己的人生，就能夠慢慢減少這類「自我霸凌」的情況。

為了在拒絕對方時不傷害對方，可以運用以「我」為主詞的說話技巧（「我」開頭）。

「我覺得（我）沒辦法」、「（我）剛好目前很忙，沒辦法幫忙」等等，以「我」為中心的說話技巧，不但可以在言外之意傳達「是我無法配合」、「不是你的錯」，也能夠更容易表達出「（我）希望（你）這麼做」的意思。與這種說話技巧相反的是「以『你』為主詞的說話方式（『你』開頭）」，聽起來會有「指著對方批評」的意思，容易造成爭論，最好避免。

日本人原本就是難以拒絕他人的個性，甚至被形容為是「無法說不的日本人」。這或許是出於社會讚賞能夠與對方同步的人，以及不歡迎破壞和諧及同調壓力的文化的關係。

從小學校和家庭就不斷教導「不可以給別人添麻煩」，導致沒有學到「如何重視自己」也是原因之一吧。

這種日本人式的思考方式，經常在ＨＳＰ身上看到。無法提出自己的主張，經常聽從父母或身旁大人說的話，乖乖遵守社會規則，或許可以說ＨＳＰ是天生的「和平使者」。

不僅如此，ＨＳＰ對他人拜託的事，常常陷入「接受」或「拒絕」的二分法思維。認真且負責任、無法隨便做做的個性，讓多數ＨＳＰ的思考模式常常是非黑即白，**因此希望 HSP 能夠試試站在對方的立場，思考黑白中間地帶的第三條路「協商」。**

如果打算協商，首先就是要具體問清楚對方請託的數量或期限等資訊，然後給自己時間慢慢思考，或許就會浮現出非黑非白的灰色，甚至是彩色的全新想法，然後再以此和對方協商。

生活方面也是一樣。從地區活動、社區鄰里相關的工作、家事或育兒，到小雜事，不要因為是一點小事就勉強自己，最好是找出自己和身邊的人都不會過度努力的「中間地帶或第三條路」。

HSP 中有很多人不擅長協商，但請牢記不要卡在「非黑即白的思維」，或是「不是零就是一百的想法」，而是學會該如何有彈性地思考。

當你想著「要去協商」，結果大腦和內心卻一團混亂無法思考時，請堅定地「現在什麼都不做」，給自己獨處的休息時間，或是那天乾脆果斷地什麼都不做直接去睡覺也好。隔天醒來之後，再用煥然一新的大腦臣服於直覺重新思考，或是直接起身行動，其實意外地經常會很順利。

煩惱③——無法清楚說明自己的感受

很多ＨＳＰ的直覺敏銳，腦內畫面鮮明且富創造性，遇到提問或課題時，腦中會瞬間浮現出帶有各式情感或感覺的畫面，不過另一方面，他們也不擅長將這些畫面化成文字表達，在對話時也容易覺得有困難。

應對策略

- 比起言語更該重視直覺
- 利用寫作或創作物品來表現畫面會比口語述說更好
- 平常建立詞彙資料庫，爲需要口語表達的時刻做準備
- 親近自然，實踐靈感，傾聽自己體內的聲音

ＨＳＰ之中有很多不擅長閒聊或對話的人，其中一項原因就是「他們難以用言語表達出情感、感覺或畫面」。

大多數ＨＳＰ的特性是擅長處理視覺接收到的情報，可以同時思考複數件事，或是自然而然明瞭事物之間的關聯性，擁有豐沛的感受性。因此對他們來說，用言語按照順序，有條有理地表達自己的想法，是一件很棘手的苦差事。另外，他們會因為體察他人的「體貼」、過度解讀別人說的話而「想太多」，或是太過延伸思考之後每一步的「過度猜測」，結果對於該說什麼顧慮太多，因此在對談時總要花很多時間才能回答。

那麼，該怎麼做才能流利自如地談話？

第一個對策是**磨練語言能力**，讓語言能力可以追上豐富的想像力。推薦建立屬於自己的「詞彙資料庫」，可以從經常出現在對話中的固定語句學習，也可以從小說或詩詞或歌詞等任何東西中學習，給自己機會找出足以傳達腦中畫面的「最佳用詞」，只要平常累積喜歡的詞彙，就可以在實戰中更自在地使用語言。

如果這麼做了還是無法順利回應，瞬間找不出適當詞彙的話，那麼乾脆專心當個「聽眾」也是一個方法。大家都喜歡願意聽自己說話的人，對可以同理對方的ＨＳＰ來說一定能夠成為優秀的傾聽者。

「是這樣嗎？」、「我都不知道！」、「太強了！」、「然後呢？」等等，只要儲存各種應和方式，就可以從對話時反應遲鈍的煩惱中解脫。

只不過，「不要鑽牛角尖於流暢的對話」的想法也很重要。大多數煩惱於不能「順暢表達」的ＨＳＰ，擁有極為豐富的直覺、畫面能力和想像力，這和語言能力是相反的才華，不要執著於小鼻子小眼睛的會話技巧，而是應該要更看重具有豐富內在世界的自己。**只要重視自己擁有的才華並加以磨練，就算對話時無法滔滔不絕，也一定能夠遇見懂你、理解你的人。**

另外，在交談時重視他人更甚於自己，能夠同理對方是ＨＳＰ的優點，但這同時也會接收對方的情感，長此以往，神經就會在不知不覺中常保亢奮，不斷累積憤怒及壓力，最後過多的壓力荷爾蒙影響到腦部，導致神經的連結變差，思考能力和判斷能力都會下降。

可怕的是，這些狀況都會轉變為慢性症狀。**一旦變成慢性症狀，甚至可能會變成「腦霧」，想不起自己要說什麼，腦中好像有一層濃霧一樣模模糊糊。**

為了避免這樣的情況，一定要重視自己的共感能力、直覺能力和畫面能力。

也就是**透過創作等方式發揮自己這些優秀的才華。**

說到創作，可能會讓人覺得門檻很高，不過只要是能夠發揮想像力，不是為了別人，而是「為了自己而創作」，其實任何東西都可以。

詩詞、歌詞、俳句、小說、部落格、藝術創作、舞蹈或拍影片上傳都可以，將感受到的東西化成作品「表現自我」，這樣就能避免神經過度亢奮以及腦霧。

讀到這裡的各位可能會有些人想「我沒有想做的事，也沒有創作欲……」，這是因為你的意識跑到了過去或未來，沒有放在自己「此時、此地」的情感與感覺，可以說其實你看不到自己。

遇到這種情況時，就去散散步，親近大自然，或是拉筋、做瑜伽等活動身體，也可以透過日記或正念冥想持續感受「此時、此地」的自己，之後就算遇到起伏，身心也會慢慢湧出自己原本想做的事。

煩惱④——不擅長決定事情，沒有決斷能力

HSP因為會過度顧慮對方，或是以他人為重心，因此在做決定時往往比其他人更花時間，開啟新事物時腳步也有如千斤重，所以很不擅長需要迅速下決定的情景，也苦惱於遲遲無法下決定的自己。

應對策略

- 停止責怪無法做決定的自己
- 遵循自己的情感而不是理論
- 仔細傾聽自己的聲音再做判斷

ＨＳＰ可以說是典型「瞻前顧後」的類型。

現代社會認為在做決定時迅速果決比猶豫再三更值得稱頌，一旦必須花時間才能做決定，還會被說成是「優柔寡斷」。ＨＳＰ無法以自己為重心做決定，通常是因為他們雖然對他人的情緒很敏銳，但對自己的感覺卻很遲鈍，因此要去了解無法下決定是出於什麼樣的機制，**而不是一味地怪罪自己。**

遇到非得立刻做決定不可的情況時，建議採用**「聽從無意識的決斷方式」**。**聽從無意識指的是不要用大腦判斷，而是交由無法言說的感覺來決定，「不知道為什麼就是喜歡」、「不知道為什麼就是討厭」，這是個交給直覺做決定的簡單方式。**

神經內科醫師安東尼歐．達馬吉歐（Antonio Damasio）提出軀體標記假說，認為「當一個人在做決定時，情緒波動的身體反應（如心跳加速、流汗）扮演了重要的角色」。情緒波動指的是「憤怒、喜悅等激烈的情感波動」。

這個假說是達馬吉歐醫師從精細的臨床研究中歸納而出。研究中發現，某個能力出眾的男性因為意外事故，造成「前額葉內側前方（產生情緒的地方）」受到損傷之後，開始「無法做決定」。因為出現了很多這類案例，引發達馬吉歐醫師「身體反應對於做決定非常重要」的想法。

在做決定的時候，大家會覺得是大腦經過思考之後做出結論，但其實不是這樣子的。**目前已經得知，「心跳加速」、「手掌冒汗」等無意識的身體反應，或是「總覺得還不錯」、「感覺很討厭」、「很舒服」、「很不舒服」等內臟感覺，都在我們做決定的背後扮演了重要的角色。**

遵從無意識的身體感覺做決定，反而是更科學的方式。

ＨＳＰ很容易受到外在刺激影響，所以會被外來的資訊或他人的反應干擾，導致難以感受自己內在的感覺或情感。明明「腹部深處」清楚明白答案是討厭，但大腦卻會想著「他好像不這麼想」、「這樣回答會惹怒他」，而遲遲無法決定。

容易執著於正確、完美，也容易被外來資訊牽著鼻子走的ＨＳＰ，只要隔絕外來的資訊，給無意識的身體感覺時間傾聽答案，就能夠順利做決定了。

選擇自己覺得舒服的答案

當你煩惱於無法決定該選Ａ好還是選Ｂ好時，請先停止蒐集訊息，一個人待在安靜的地方，把意識放在自己的內臟感覺試試看。

當你決定選Ａ時的感覺怎麼樣？是興奮、期待？還是悶悶的、覺得焦躁？

那麼，決定選Ｂ的時候又是怎麼樣？

哪一個讓你感覺是舒服的？

用這種方式，**傾聽自己的身體，選擇自己覺得舒服的答案就可以了。請將HSP高感受性，能夠細緻接收周遭刺激的天線轉向自己的內在。**

慢慢地，就能夠更早做出重大決定了。

煩惱⑤——嚴以律己，一點小事就怪罪自己

ＨＳＰ的個性嚴以律己寬以待人，他們不僅會無意識地感受、接收他人的痛苦，還會將那些情感套在自己身上，責怪自己是不是自己害得對方如此痛苦。因為具強烈責任感，因此容易向自己發脾氣，而不是向對方發脾氣。

應對策略

- 從以自己爲重心或人我界線的視角重新看待自己
- 在能夠安心且有安全感的地方和同伴吐露眞實想法
- 肯定自己與自己的才華，並下定決心朝此磨練

即使能夠共感對方的煩惱或痛苦，也沒辦法代對方受苦，而且「代為受苦」對對方也沒有益處，就像共感便秘的痛苦，於是代替對方上廁所一樣一點用也沒有。多數的ＨＳＰ只要看到對方在煩惱，就會顧慮對方，或是過度解讀、過度猜測對方的想法。

能夠深入共感對方是ＨＳＰ的優點，可是只要繼續無法分別人我，什麼事都要當作自己的責任，那就永遠無法脫離心累的生活。

已經明白自己習慣責怪自己的人，請從**「以自身為中心（將焦點放在自己身上思考，而不是聚焦在他人）」**和**「與他人之間的界線」**的視角，回頭去看「覺得責任在自己身上的過去經驗」。你是否將對方該解決的問題攬到自己身上了？你是否過度解讀、過度猜測對方的感受了？你是否把對方放在第一位忽視了自己？只要意識到自己與對方之間的界線，聚焦在自己真正的感受上綜觀全局，就能夠冷靜看到原本以為是自己的錯，或許其實是對方的問題。

在那之後，**不管對對方來說是好是壞，只要自己認為「這樣就好了」，便能夠完全接納這件事。一旦可以接受「自己認為」，就不會再責怪自己了。**

接著，如果想要終止自我責備，**就必須接受「原本的自己」**，為此，你需要的是不評論、不否定、不比較，願意接納原本的自己，**能夠安心且有安全感的地方，以及願意聽自己說話的同伴。**

若能在安心且有安全感的地方，向同伴吐露過去從不曾說出口、只屬於自己的祕密，或是自己的真心話，內心就會瞬間感到輕鬆，原先受到壓抑的情感會傾洩而出，接著慢慢地，就不再責怪自己了。可能有些人想不出這樣的地方，其實現在有HSP專門的諮商師，以及HSP聚會等各種機會，可以找出能讓自己敞開心胸說話的地方。

此外，**傾向於責怪自己的人很可能被困在「父母或身旁大人的價值觀」中。**從大人批評自己「太軟弱了」的經驗，會產生「脆弱是不好的事」等根深蒂固的負面想法，這種想法即使在長大成人後，依然很有可能盤踞在心中。**小時候你是否有過「爸媽吵架都是因為自己或妹妹沒做好的關係」、「自己讓媽媽擔心了所以她才會難過」的想法？**小孩子的憤怒雖然也會朝向對自己、父母或兄弟姊妹等人「發怒的人」，但這股憤怒也會朝向「受氣包的父母或兄弟姊妹」，甚至是沒能保護他們以及自己的「弱小的自己」，內心因而受到深深的傷害。

然後留在心中的傷，就會產生出「自己又弱又沒用又無能為力」的扭曲價值觀。想要從「自我責備」中解脫，就必須從客觀的視角重新審視兒時的自己的行動與經驗，回顧是不可或缺的步驟。如今隔了一段時間再回顧，也許會忽然發現父母或大人不可理喻的意見或有毒的言語。

只要是人，都會有優點及缺點，這是很正常的事，然而對自己很嚴格的HSP，即使是別人客觀地指出自己優秀的地方，也會覺得「這點小事稱不上優點」，很難肯定自己的才華。也因為如此，**有意識地「肯定並培育自己的才華，讓才華逐漸發展」是件非常重要的事。**

HSP「共感力強」、「敏銳的直覺」這方面的才華，有時候會被非HSP的人批評「感覺很噁心」，不過這也許只是出於對你的才華的嫉妒心。世上本就有善有惡，也有以打倒對方為樂的「惡意喜悅」，為了不要成為這種人，**你一定要當那個可以肯定自己一切的人。**

煩惱⑥——很在意職場中其他人的眼光

HSP的神經對刺激可能會產生過度敏感的反應，導致因為在意聲音、說話聲、現場的氣氛等而無法集中精神工作，甚至如果有人在看自己工作，就會過度緊張造成失誤連連。

應對策略

- 利用小道具隔絕來自外在的刺激
- 製作自己的使用說明書，幫助他人理解自己
- 減少慢性壓力導致的「大腦疲勞」

在職場中以自己的方式，打造一個無論是物理上或精神上都不會受到他人打擾的「安心且有安全感的空間」是個有效的方法，因此建議花點心思在隔絕外界的刺激上。

用隔板將自己的辦公桌圍起來，或是在辦公桌四周擺放觀葉植物，就可以遮蔽他人的視線，在周圍創造物理界線。

職場中經常充斥著人們的交談聲、腳步聲、電話鈴響等各式各樣的生活雜音，有時候還會有上司的怒吼聲、弄掉物品或撞倒物品等突發性的巨大聲響，應該有不少人會因為這類的聲音刺激而造成神經耗弱。

想要阻斷經由耳朵傳來的刺激，利用耳塞、耳罩或是耳機等物品都很有效。

或許有些職場不方便這麼做，不過工作時戴耳機播放聽起來舒服的音樂，利用舒服的音樂壓過（覆蓋）噪音，或是使用耳塞有效縮小聽見的音域，除了可以阻斷外界的聲音，還能同時提高注意力。

另外，加入自己喜歡的觸覺刺激，對平穩情緒、提高注意力也很有效，像是捏握壓力球等胺基甲酸乙酯（urethane）製、觸感良好的球也是個好方法。

萬一隔絕了刺激，注意力、思考能力和記憶力都還是不佳無法工作的話，就可能和神經過度敏感的HSP特有的「大腦慢性疲勞」有關係了。

如果沒有察覺到大腦慢性疲勞，長時間暴露在壓力之下，就可能引起大腦慢性發炎，一旦大腦慢性發炎，有時候會產生腦中像佈滿濃霧一樣的「腦霧」現象，而出現類似失智的症狀。

想要早期消除大腦的疲勞，請時時留意補充可以提高注意力的營養素。神經傳導物質的重要營養素有胺基酸、維他命B群、鐵質、DHA、EPA等脂肪酸。

回到打造職場環境這件事上，要在辦公桌設置隔板、戴著耳機工作的話，就需要得到他人的理解。

HSP的神經容易亢奮的這個特點，很可能與大腦及身體慢性發炎有關，一旦慢性發炎，工作表現就會大幅滑落，對公司來說是一大損失。

因此，明白自己是HSP之後，請盡早和可信賴的上司或同事表明自己的神經容易亢奮、容易疲憊的狀況。

為了讓他人能夠更清楚明白狀況，**建議製作關於自己的「使用說明書」**，

打造一個安心又有安全感的空間

說明書中要簡單明瞭整理出ＨＳＰ是什麼樣的特質，並且列出下列大三要素。**「①自己覺得困擾的事」、「②針對①的狀況自己會做哪些因應」、「③希望對方協助的部分」**。藉由列出②而不是只有③，可以自然傳達出自己不光要求別人，也很努力在改善情況。

想讓非ＨＳＰ的人理解或許有困難，不過還是需要讓他們知道最低限度的情形。只是萬一職場中盡是一群否定ＨＳＰ、覺得ＨＳＰ是「草莓族」，或是會中傷你的人，那麼不僅無法發揮自身的能力，還會弄壞身體，因此如果無法獲得理解，那麼還是果決地換個環境吧。

煩惱⑦——一點小失誤就受到嚴重打擊

長時間的慢性壓力讓神經一直處於亢奮的情況下，即使是遇到一點小事也無法做出反應，有時候還會陷入恐慌。因為失誤受到的打擊會產生新的失誤，一連串的失敗很可能導致自我否定，覺得自己是「沒用的人」。

應對策略

- 先換個地方遠離刺激，一個人安靜一下
- 設定時限讓自己放鬆
- 在心中回想或是重新建立認知框架，消除內心的習慣人類犯下的錯誤稱為人為失誤，很難防止這樣的失誤出現，其中的兩大原因在於「未注意」以及「自以為」。人類的大腦有一大特色在於不論是過度亢奮或是過度不活躍，都會導致表現低落。

恐慌是交感神經處於爆發狀態，因此首先是避開「身為火源的刺激」，關掉瓦斯或灑水，然後讓內心降溫是第一步。

「一定要冷靜」，通常這種想利用念頭在內心蓋上防火蓋的方式很難成功，因此比起想法，先從感覺、情感開始改變起會更有效。想讓內心降溫的話，就先將注意力放在可以得到「愉快的感覺」或「能讓自己平靜的感覺」等事情上。

- **到不會被他人注視的安靜場所，一個人好好度過**
- **喝一些溫暖甘甜、帶有香氣的放鬆飲品**
- **左右輪流輕敲膝蓋動一動（這樣可以輪流刺激左腦與右腦，達到「兩側交互刺激」），讓身體放鬆**

「這麼做就能放鬆」的方式每個人都不同，因此最好從平常開始嘗試喜歡的事或能冷靜下來的方式，這樣在緊要關頭才可以派上用場。

此外，**研究顯示，遇到突發的亢奮或是慌亂情緒，只要先壓抑六秒不爆**

發就能夠鎮定下來。

因此在這樣的情景下，可以嘗試默數六秒以上，或默念「謝謝」，或轉移視線，或是開闔雙手，只要這樣等待六秒以上，「設定時限」，抑制交感神經爆發，就可以防止情感或行為暴衝，慢慢地便能冷靜下來。

更根本的方法，則建議**記錄自己的情感**。

意思是寫下自己什麼時候，因為什麼事而恐慌，那時候出現了什麼樣的情緒。這樣可以找出自己內心的慣性，經過分析這些紀錄之後，也許會發現很多的恐慌是來自於心中根深蒂固的「觀念」，而大多數的觀念，又是基於「無論發生什麼事都必須遵守目標或約定」、「工作絕對不能犯錯」等「負面的信念」。

能察覺控制內心的無意識觀念是件好事，只要察覺之後接納自己，就能去除這樣的觀念，甚至進一步有意識地說出與該觀念相反的信念（例如「有時候計畫總是趕不上變化」、「馬有失蹄人有失足嘛」），情緒就會像這些話一樣變得比較輕鬆。同時，讓自己身處在可以接納自己原貌的安心且有安全感之處也非常重要。只要不被否定，慢慢地就算發生意外插曲，也能夠冷靜應對了。

連續犯下失誤時，人都會想要責備自己，只是有時候這樣的想法裡隱藏著「負面信念」。

HSP之中，有很多人因為敏感，因此為了小時候發生的事而內心受傷，鑽牛角尖地深信「錯的人是自己」。即使從客觀角度來看其實是對方的問題，但從敏感的孩子眼光來看，就會深信「是自己的錯」、「全都是自己不好」，於是開始否定自己的人格，覺得「都是我的錯所以我很沒用」。

重要的是，你必須察覺到這樣的負面信念是從小萌芽，且一直活在這樣的信念中，然後接納自己。只要有意識地察覺之後，未來又忍不住想責備自己時，就可以提醒自己「之前的內心壞習慣又跑出來了」。

如果不小心錯誤連發，忍不住想怪自己「你就是這樣才那麼沒用」時，就深呼吸，提醒「這是我內心的壞習慣」，來遠離自我否定。

想要脫離自我否定的壞習慣，就使用「重新建立認知框架」的方式，從不同視角觀看同一件事物，改變看法及思考方式，將自己的想法改寫成「我沒有做錯」、「那是對方的問題」、「這是學習的必經之路」、「在未來活用這次的經驗」等正向信念。

藉由重新建立認知框架消除根深蒂固的負面信念，從「都是我的錯」這種思考壞習慣之中脫身，就可以冷靜地判斷狀況了。

煩惱⑧——容易因爲一點小事而感到疲憊

HSP因為長期承受慢性壓力，並不斷對壓力產生反應，因此神經總是處於亢奮狀態，導致很容易疲勞，很多人除了骨骼或肌肉的疲勞和疼痛外，還常發生「內臟的疲勞及疼痛」。

應對策略

- 要察覺自己其實很容易疲勞，並牢記「早點休息」
- 事先想好幾個用來保護自己的「方法」
- 想像眞實的屏障，並催眠自己「阻絕一切」

ＨＳＰ敏感的特質是天生的，意思就是打從還在母親肚子裡時就已經很敏感了，他們敏銳地接收到來自外在的刺激，很有可能因為恐懼而全身僵硬，或是故意讓身體感覺變遲鈍好撐過刺激。

或許是這個原因，很多ＨＳＰ雖然對外界刺激很敏感，但對來自身體內部的刺激，也就是內臟疲勞或疼痛很遲鈍。

因為不斷接收到外在接二連三的「攻擊（壓力等）」，所以沒有發現自己內臟的狀況，無法自行察覺身體不舒服、食慾不振或情緒不穩定，還是持續整天轉個不停，結果導致了慢性疲勞。

再加上日本文化傾向於「努力是美德」，容易疲勞、比他人更需要休息的ＨＳＰ便時常被認為是「耍任性的人」、「抗壓性不足的人」。

或許還會被不知道ＨＳＰ容易疲勞的人說些「你那是草莓族吧？才這點小事不加油怎麼行」等沒有同理心的話。

由於這樣的經驗，讓ＨＳＰ深植「其他人都那麼努力，我不能這樣就示弱喊苦」的想法，有時候會因此陷入讓自己的內臟感覺變遲鈍，以繼續努力的「惡性循環」。

於是在不知不覺間，超過了身心的負荷，直到出現顯而易見的不適才發現原來自己在求救。這時候已經太遲了，萬一神經超過負荷無法調理恢復的話，很有可能發生不可逆的情況。

一旦出現身體不舒服、食慾不振、情緒不穩定、無法工作、睡不著等症狀，就是**「無法繼續努力」**的訊號，為了不要讓事情發生後才想辦法補救，一定要牢記「達到極限前就要休息」。

建議建立起不要把行程安排得太緊湊、週末要留給自己一人獨處的悠閒時間、平常準備好幾個舒緩身心疲憊的方式、工作時要經常休息等，不會過度努力也不會過度忍耐的自我守則。

還有，在前往已預知會讓自己疲憊的場合前，做好能夠緩和刺激的準備。

HSP知道自己會疲憊而不擅長應付的場合，也就是有大量刺激的地方，或是會讓人緊張的場景。噪音、各種味道及光線、複雜的情感能量、緊張的氣氛等充滿刺激的嘈雜之處，對敏感的HSP來說，就是容易累積疲勞的場合。

萬一不得不出席，請先準備好幾個可以隔絕刺激的方法。

首先是帶著會讓自己安心的東西出門，像是護身符、項鍊、喜歡的書或照片等等任何物品都可以，在人群雜沓的地方告訴自己「有了這個可以放心」、「這個會保護我」。

建議使用想像及言語進行「膠囊化」。和想像訓練的訣竅相同，想像有他人看不見的透明膠囊或屏障在保護自己，並反覆默念「這樣就隔絕刺激了！」、「安全又安心，不用怕！」。只要開始感受到想像實體化之後，即使身處紛亂之中，也可以保護自己，避免接收到不愉快的刺激。

而最重要的是，ＨＳＰ要有自覺，即使覺得很開心，但只要身處在人多吵雜的地方就會疲憊，因此一定要留時間好好休息。

建議為自己訂一個「日常動作」，雖然需要每天練習，但光是做特定的動作，內心就會平靜下來。

首先是決定一連串的動作，什麼動作都可以，像把手貼在胸前這種簡單的也很好。決定好「自己的日常動作」之後，每天都一定要做這個動作，同時默念「這樣就可以保護我」、「這樣我就做得到了」。最短要持續做二十一天，你的心中才會內化成日常動作。平常要多練習直到只要做出這個動作，就能夠安下心來，這樣遇到緊急情況時，便可以抑制緊張和疲勞的感覺。

煩惱⑨——在人數眾多的場合感到畏縮

一大群人的聚會是HSP最不擅長的場合，光是踏入會場，就先敗給現場的氣氛了。因為緊張神經過度亢奮，導致無法思考，變得沉默無言，或是感覺如坐針氈。

應對策略

- 除了非去不可的場合，其他邀約不要勉強參加
- 事先準備好話題，或者不要勉強自己開口講話
- 聚會中間或結束後，留給自己悠閒獨處的時間

除了非出席不可的聚會，其他都婉拒參加也是一種方法。

HSP因為總是太過顧慮對方的心情，或是沒有主見，或是責任感太強烈，因此很不擅長拒絕他人。他們會顧慮、過度解讀、過度猜測「拒絕的話是不是白費對方的一番好意」、「對方都訂好時間了，我一定要給面子參加」等等，或是因為不知道自己想怎麼做，最後忍不住答應。

結果即使勉強參加了，卻一如所料不知道要聊什麼，或是如坐針氈只能縮在角落等待結束……甚至不斷回想起自己當時的窘境，覺得「我會不會讓主辦人沒面子」、「我太緊張竟然講了莫名其妙的話」，然後因反省與後悔再三責備自己，最後搞到身體出狀況。

明明已經受不了這種輪迴，想著「下次一定要拒絕」，可是他人來邀約「你一定要參加」時，卻又差一點答應……其實，很多人都是在這裡踩下煞車，抱著被討厭的勇氣果斷拒絕之後，才發現從此可以輕鬆拒絕。你一定也能夠這樣讓自己變強。

如果是追求刺激、外向社交、人多也不怕的「HSS型HSP」，或許很喜歡聚會或派對，不過即使如此，也千萬記得自己「就算開心也很容易累」的特質，不要硬撐，要留時間好好休息。

有時候即使下定決心盡量拒絕可以不用參加的聚會或飯局，也很難推掉所有的邀約。

遇到這種情況，請先向同行的人坦白自己很敏感、容易緊張且不擅長聊天。道理如同為了不讓恐慌發作，就先和對方說明自己有恐慌症一樣。**再來，是要事先準備聊天的話題預先練習。**準備好可以開啟話題的一些題材，當天場面快要冷掉的時候，就可以拿出來使用。

另外，**還有一個選擇是「不要勉強講話」**。多數HSP本來就比較擅長傾聽，只要從頭到尾露出笑容專心聽對方說話，也許就會在不知不覺間聚集一群人。

而在不擅長的聚會結束之後，不要忘了一個人在安心有安全感的地方舒

緩自己的身心。如果覺得在聚會上勉強了自己，那就將接收到的不必要言論和情感吐出來讓自己痛快。這麼做對於讓神經維持穩定很重要。

也很推薦在疲憊之前先去廁所，讓自己有一點點「獨處的時間」，還有帶著「有了這個就能靜下來」的護身符，也可以更放鬆。

希望各位牢記的是，即使是要好親近者之間的聚會，或是無論該聚會再怎麼開心，ＨＳＰ的神經都會很自然地亢奮且容易疲累。

「明明玩得那麼開心為什麼這麼快就累了？是因為我體力太差了嗎？」也許你會這樣煩惱，或是為此自責，不過ＨＳＰ接收到的刺激經常是非ＨＳＰ的數倍或數十倍，因此光是和他人或是一群人相處就會感到疲憊也是很正常的事。

重要的是接納「自己比其他人更敏感」這點。接納了這點之後，即使不小心過度努力或過度忍耐也可以原諒自己，也不會再討厭或是想要改變自己的敏感。**「即使脆弱即使沒用，不管別人怎麼看都沒關係」，能夠這麼想，就是對自己的肯定了。**

煩惱⑩——無法同時做多件事

一旦遇到必須同時做多件事的情況，腦袋就會一團混亂，不知道該從何下手也是HSP的特徵之一。即使是一件一件慢慢來可以很快完成的工作，只要同時蜂擁而上HSP就會張皇失措。

應對策略

- 要是同時接到多件委託就拒絕
- 盡量「以自己爲重心」安排優先順序
- 選擇可以發揮自我原則的職場或工作

為什麼大多數的ＨＳＰ無法同時做多件事呢？

研究認為這是因為他們經常接收過度刺激，造成大腦慢性疲勞，因此神經網路的連結變得緩慢的關係。

再來，過多的刺激讓神經過度亢奮，導致大腦的司令部同時也是指揮官的前額葉受到抑制，不安及恐懼的神經變得活躍，因此在意太多枝微末節，造成作業進度落後也是可能的原因。

在同時接到多件委託時，首先向對方表達「很抱歉，同時處理多件事情會讓我很混亂，可以先從優先順序高的工作開始嗎？」。

有必要的話，也可以在這時候告訴對方自己是ＨＳＰ。在說明ＨＳＰ的時候要盡可能仔細，避免招致誤會。

大概有很多人是第一次聽到「ＨＳＰ」這個詞，所以最好先整理好自己的使用說明書（請參閱第 114 頁）再說明。

也許有一些職場主管同事怎麼說明都不願理解，這種時候就不要勉強自己，改而轉換職場，尋求適合自己的環境也是一種方式。

不過，**有時候還是會遇到無法拒絕，必須一次處理很多事的情況，這時候要先冷靜地了解內容，「比起對方的緊急工作，優先從對自己來說重要性高的工作」開始，一項一項列出順序後再做。**

ＨＳＰ很容易將他人放在優先順位，因此千萬不要忘了看重「對自己來說，這件待辦事項有多重要」這一點。只要清楚哪些事做了可以對自己更好，就能夠一件一件完成任務。

當然有時候工作的內容很難把自己擺在優先順位，但是也不要總是受制於對方的時間或緊急性，對ＨＳＰ來說，優先考慮對自己重要的事是一大重點。

明白自己的最優先事項後，實際起身行動，這樣就能切身感受到什麼是「對自己好」，從而獲得很大的成就感。

此外，ＨＳＰ一想到「不小心接下對方要求的所有工作了，萬一沒做完該怎麼辦」就會更慌張。

因此只要條列出目前的待辦事項，盡量以自己為重心排好優先順序，就

有多件待辦事項時，盡量優先從「對自己重要的事」開始做

能夠清除過多的為別人著想。

每一樣工作做完之後就畫線，或是打個勾一項一項刪除。每刪除一個待辦事項，心中的負擔就會減輕，可以感受到「已經做完這麼多了啊」的成就感。

HSP因為很纖細，能夠察覺各種細微的差別，因此有時候會堅持追求「自認為的完美」，導致工作遲遲沒有進展。這是因為HSP比對方要求的更在意正確性與完美，所以無法和自己妥協，因此也很難同時進行多件工作。**選擇可以發揮這種「堅持」的職場或工作也是一大重點。**

煩惱⑪——無法向喜歡的人說出眞心話

纖細又會無意識接收到對方情緒或情感的HSP無法向戀人說出真心話，或是即使有在意的事也把話吞下肚。壓抑真實想法、不表露情緒的話，不但無法「做自己」，還會被對方的情緒牽著鼻子走。

應對策略

- 放棄「我應該」，仔細看著眞正的自己
- 不要過度解讀或過度猜測，直來直往地和對方相處
- 若能肯定自己的HSP，就可以遇到願意理解自己的對象

首先重要的是放棄「一定要這麼做」、「我想變成這樣」的自己，用心感受無意識間浮現的「自己的原貌」、「真正的自己」，相信這樣的自己並順著個性去做，這樣會讓你面對重要的人時不再隱藏真實想法。

有些人「沒辦法和重要的人說自己是ＨＳＰ」，這是否代表了其實你還沒有接納真正的自己呢？

第一步是要相信真正的自己，毫不隱瞞地向對方說出真心話，這就是你以自己為重心的表現。

不需要執著在讓對方理解，先準備好第114頁提過的「自我使用說明書」，具體且簡單明瞭地向對方說明。身為ＨＳＰ並不是丟臉的事，ＨＳＰ也不等於弱小，相反地，ＨＳＰ是擁有天賦才華、療癒的存在，所以不用害怕，大方地說出來。

另外，ＨＳＰ之中有些人是只要對方不開心，就會覺得「是自己的錯」，都還來不及說真心話，就無法好好表達了，或者是說出一些違心之論。「他會不開心一定是我的錯」、「和我在一起太無聊了所以他想早點回家吧」，有時候還會像這樣胡亂過度解讀、過度猜測對方的心情，然後就藏起了自己的真心話。

如果對方是你想以真正的自己交往的人，那就更應該停止過度解讀、過度猜測，用直來直往的態度和對方相處吧。請直接詢問對方不開心的原因，也許他不開心的原因和你主觀認為的並不一樣，例如單純只是他身體不舒服、時間無法配合，或是他在焦慮其他事、工作上有什麼不安之類的。

假使你真的有某方面的原因，那麼就找一個願意接受真實的你，不會表露惡劣態度，而是願意溫和告訴你這件事的對象在一起。

可以遇到這麼美好的對象，且對方願意直率表達心情的話，自己也可以坦誠說出自己的感受了。

閱讀本書的讀者中，或許有人曾被之前的對象說過「太敏感」、「好麻煩」等否定批評，因而認定自己「沒有人想和我這樣的人交往」，放棄了開啟新戀情的機會。

不過別擔心，沒有這種事。現實是由「你的真心話」所創造出來的。

保持原本的自己，建立大腦和身心都適合彼此的關係，是最理想的狀態

只要你接受自己HSP的特質，活出原來的自己，一定會出現願意完整接納你的敏感與覺得活得好累的部分、心胸寬大有包容性的另一半。

HSP的直覺與主觀常常凌駕於理性與客觀，因此有時候會失去冷靜判斷而變得情緒化，如果能遇見可以與你的主觀互補，從客觀角度看事情且沉著冷靜的人是最棒的事。總是從旁有耐心地支持、對方冷靜的分析及合情合理的理性看法，會讓僵硬頑固的HSP的視點或思考模式慢慢柔軟有彈性，也許會比專業的諮商師更能帶領你脫離活得好累的感覺。

煩惱⑫——因爲害怕錯誤而花很多時間在工作上

因為太害怕微小的失誤而再三確認，結果工作很花時間的ＨＳＰ並不是少數。即使自己也認為做得太過火了卻停不下來，再這樣下去，不但工作容易受到延誤，自己也覺得痛苦，旁人也會感到很困擾。

應對策略

- 定下確認的次數，然後劃好界線
- 製作確認清單，按照清單做確認
- 順利完成時給自己一個獎勵

正因為ＨＳＰ可以注意到微小細節，因此對任何事都很慎重，工作時很仔細。

一旦被催促就會緊張而大腦無法運作，工作反而更花時間。另外，從小就很敏感，所以想法黑白分明，容易陷入完美主義也是工作很花時間的原因。

因為太害怕失誤而再三確認，導致工作延遲的人，**要果斷決定好規則，「最多只能確認三次」，然後劃好界線，絕對不會確認更多次。**

在治療「強迫症」時也是採取同樣的方式。強迫症是一種「明知某項行為不合理，但卻無法停止去做」的症狀，像是因為不安而不斷確認門窗關了沒有；覺得手髒到無法忍受，所以無法停止洗手。

這種症狀的本質是「覺得不安時做出消除不安的行為」，結果就會陷入「不安→為了消除不安做出某個行為→罪惡感→不安……」的惡性循環。這種情形在治療時，會請患者反覆練習不要確認門窗關了沒、故意不要去洗手等。

現代的商務職場中很重視「快速、大量、正確性」，比起做事細心但動作慢的人，做事粗率但動作快的人評價更高。若只是因為動作慢了一點就被貼上「無能者」的標籤真是一件不幸的事，**所以必須劃好界線或是定下原則，對於不要求品質的日常工作或雜務，就「不要花時間」。**

想要減少失誤並提升速度，先擬好對策與準備很重要。

首先要努力的是隔絕工作時的刺激。如果是在意聲音就戴上耳塞或耳機；在意來電或來信就關掉手機電源；若是進入視線的東西會讓自己分心，就放置隔板，或把視線裡的東西收起來等等，盡可能除去「會造成刺激的東西」。只要隔絕刺激，便能夠更專注集中在眼前的作業中。

刺激不是只有來自外在，有時候來自身體、內臟或大腦的刺激也會成為阻礙。

如果是身體不舒服、腸胃不適、情緒不穩定、腦霧（請參閱第 103 頁）、睡眠不足等慢性疲勞的情況，會讓注意力和思考能力變差。改善飲食、攝取營養補充劑，可以提高大腦運作能力。

只要這樣準備好內外環境，就可以專心處理工作或作業了。

這裡想請各位讀者**製作工作或作業的「確認清單」**。為了降低錯誤或遺漏等失誤，建議將重點或不能遺漏的部分做成清單。

做好自己需要的清單後，在工作的同時隨時確認清單。藉由確認清單，會將意識放在重點上，就能夠減少工作失誤。這個方法可以幫助提高工作或作業的效率。

另一項重要的是，「自己製作的清單都確認完了之後，就不再繼續追究細節」。一開始應該會非常不安，但是如果輸給這股不安又忍不住確認的話，就很難改變自己了。

另外一個推薦的提升工作速度方法是「獎勵」。如果做到只確認一次就結束工作的話，請給自己一份獎勵，工作的速度會進步神速喔。

煩惱⑬——睡不著、淺眠

很多HSP有睡眠方面的煩惱，原因在於對外部及內部刺激很敏感的關係。還有，從幼兒時期就生活在過度壓力中，經歷了慢性神經亢奮，導致自律神經失調也是原因之一。

應對策略

- 隔絕對身體的過度刺激，並進行排毒
- 重新檢視整體飲食習慣，維持健康的飲食生活
- 讓身體放鬆休息，調整自律神經的平衡

首先重要的是，減輕刺激造成的過度壓力或慢性神經亢奮導致的腸道或大腦慢性發炎，這樣就能恢復自律神經或荷爾蒙「原本的平衡」。

為了做到上述的平衡，第一步是隔絕刺激。平常就要盡可能做好對策，不讓不必要的刺激進入體內，例如使用隔絕刺激專用的道具、避開人多吵雜處、留意吃進嘴裡的食物、隔絕電磁波或化學物質等。

此外，在臥室使用遮光窗簾避免室外光線流入；在意冰箱震動聲響的話就用防震地墊等，盡量消除屋內過度的刺激。

有時候會遇到無法光靠在室內加工就能應付的外在刺激，例如附近住戶或隔壁過度的生活噪音，或是車輛行駛聲或喇叭聲太吵，根本的應對方式就是果斷搬家了。

只是無論環境再怎麼理想，如果有身體疼痛、不舒服、手腳冰冷或倦怠，一樣會睡不著，因此身體方面的治療、利用飲食調理身體也很重要。

此外，有時候也會發生腦海產生的過度刺激，例如腦袋轉個不停、負面情感、惡夢、恐怖的畫面等導致睡不著。

小孩子看了恐怖節目之後睡不著的情況很常見，但成人之後依然受到記憶中的刺激控制就是ＨＳＰ了。

ＨＳＰ之中應該有很多人是有意識地不看暴力場面或是悲慘新聞。最近時不時會在社群平台毫無心理準備地看到嚇人的影像或留言，因此請盡量善用過濾或阻擋功能，不要讓自己吸收到有毒的訊息。

無論再怎麼避開刺激生活，還是會因為工作壓力或人際關係的煩惱睡不著，這時候建議冥想（請參考第68頁）。**睡前將意識放在身體感覺，可以同時隔絕內外在的刺激，提高副交感神經的活躍度，便能舒服地睡著。**不擅長集中精神在身體上的人，可以採用瑜伽體位、拉筋伸展、呼吸法、按摩、按壓穴道、兩側交互刺激（請參考第117頁），或是聽舒服的音樂、調整舒服的光線，對於遠離刺激也很有幫助。這裡省略了更詳細的說明，不過也可以尋求專家，或是參考書本，進行緩解全身緊繃的「自律神經訓練法」。

想要減少因過度壓力造成的大腦慢性發炎，重要的除了隔絕刺激以外，還有排毒法，仔細清除累積的壓力。只要是身體覺得舒適的任何方式都可以，請找出可以消除身體累積的壓力的方式，並每天實踐。

各位可能會覺得很意外，不過療癒大腦最重要的就是改善飲食。我們的身體是由吃進去的食物所建構，並且與無數的細菌和病毒共存。如同第 70 頁所介紹的，積極攝取 DHA、EPA 等會帶給腦神經活性良好影響的 Omega-3 類脂肪酸、攝取抗發炎食品（香草、香料）、食用整腸食品（酵母食品、寡糖、植物纖維）等，會大幅改善睡眠品質。睡眠問題原因通常很複雜，無法用簡單的方式治療，因此要有願意改變生活的心理準備。

如果是生病的關係需要服藥的情況另當別論，不過安眠藥會讓人怠於做其他的努力或改善，因此不建議服藥，最好是不依賴安眠藥，利用隔絕過度刺激以及排毒的方式讓身體休息來提高睡眠品質。

煩惱⑭——容易搞壞身體

HSP之中，有不少人對於隱含在食物或空氣中的化學物質或刺激物質、藥劑或病毒、細菌等反應敏感，甚至有些人會因為地震、電磁波、氣溫、溼度、聲音、光線的強度變化，或是肉眼看不見的靈性能量反應敏感而身體不舒服。

應對策略

- 了解容易讓自己不舒服的食品並避開（要注意化學物質）
- 知道有時候藥物或電磁波也會影響自己
- 注意不要讓免疫力下降

明明已經很小心防範刺激了但還是會身體不舒服……這種時候，原因也許在於平常吃進嘴裡的食物或藥劑。

現代社會充滿了化學物質，想排除所有化學物質是不可能的天方夜譚，不過只要多留意，就能減少對身體有害的東西。**建議找時間全面檢視飲食內容及藥物。**許多點心餅乾、清涼飲料、便利商店販賣的部分麵包或便當等，可說是防腐劑等化學物質的「寶庫」，光是不吃這些東西，就能夠大幅減少進入體內的化學物質數量了。

當然，每個人敏感的東西都不一樣，有時候問題並不在於化學物質。即使是健康飲食，也可能在不注意的情況下產生食物過敏，也有人只是吃了零食攝取到糖類身體就會不舒服。

正因為ＨＳＰ對身體變化很敏感，所以一旦覺得「好像怪怪的」，就千萬別忽視。

了解自己吃了什麼東西容易身體不舒服，平常就有意識地遠離有嫌疑的食物或習慣非常重要。

另外，ＨＳＰ也有對藥物敏感的傾向。依照自己的判斷隨便買市售成藥不用說當然很危險，不過ＨＳＰ的話，即使是服用就醫後醫師開的處方用藥也有可能導致身體不舒服。

根據發展障礙及心理創傷專家杉山登志郎醫師的臨床經驗，具有發展障礙等疾病的人，即使是普通人劑量十分之一的微量藥物都有可能產生藥效。不只是神經發展障礙症或有心理創傷的人，ＨＳＰ之中也有這種體質的人。

明明一直遵照用藥指示服藥，卻不知道為什麼身體狀況沒有好轉，反而還越來越差……這種時候有可能是藥物本身導致狀況惡化，**如果發現服了藥之後身體狀況反而變差的話，或許可以和醫師商量減少藥量。有時候抗生素或消炎止痛劑會改變腸道細菌，導致腸道發炎。**

若是一直持續身體不適的話，也有可能是對電磁波過敏。**這個時代人手一支的手機是個會發射電磁波雜訊的器具，要多加注意。**通話時與手機保持適當距離，可以減少暴露在電磁波下的量。

這裡所介紹的都是一些肉眼看不見的物質或刺激，因此幾乎都是在無意中接觸並吸收，而吸收途徑有皮膚、眼睛、耳朵、口鼻、舌頭等管道，如果不是因為刺激產生免疫反應或過敏反應的話，其實很難得知已經進入體內了。**這些刺激本身不僅會引發身體不適，還會造成防禦屏障較弱的部位發炎，近期的研究還發現，甚至會導致大腦出現免疫發炎反應。**

刺激或異物進入體內之後，血液中的白血球會開始工作排除異物，如果是白血球無法應付的情況，存在血液中的淋巴球就會製造抗體清除異物。目前已經明白，這些異物與細胞對戰時產生的發炎物質，會在大腦的特定區域發生作用，引發免疫發炎反應，導致慢性疲勞或疼痛。

從這個觀點來看，盡量隔絕刺激或異物很重要。話雖如此，人生在世很難生活在完全沒有異物的世界，也很難預防異物進入體內。

雖然身體會排除不屬於體內的東西，不過也允許部分共生，只是如果異物的量超過生物防禦的容許範圍，就會對原本無所謂的存在過度反應。**防禦功能由免疫系統負責，因此日常生活中要多注意不要讓免疫力下降。**

煩惱⑮——一旦計畫有變就容易慌張

HSP很不擅長處理不在預定中的突發事件，因為這會讓纖細的自律神經過度亢奮，大腦的指揮官前額葉失去功能。一旦對方突然改變計畫，或是在外遇到狀況，交感神經就會爆發，因而張皇失措。

應對策略

- 先自己獨處，讓這波神經亢奮過去
- 推演各種可能，模擬數種計畫變更的情境（模擬訓練）（利用身體感覺進行模擬訓練，會留在記憶中更容易回想起來）

「手搖杯法」雙掌交扣，像搖手搖杯一樣前後甩動，將負面情感送上天際。
做動作時，要好好感受負面情感。

發生突發事件陷入慌張，前額葉無法正常運作時，會被捲入情緒漩渦中，無論想嘗試什麼樣的對策都很困難。

這時候先移動到可以獨處的安靜地點，抑制情感爆發，專心在讓自己脫離情緒控制。

張皇失措的情緒和憤怒一樣，只要忍耐六秒，爆發的衝動就會退去。如果情緒波濤一波一波湧上，那麼就在每次浪來時忍耐六秒，等待退潮。

等到情緒平復到某個程度之後，**就用「手搖杯法」或「獅子吐水」等方式，將累積的負面情感吐出來。**

進行手搖杯法時，要一邊意識自己接收到的負面情感，同時說著「我受夠了！不舒服！不可原諒！」，然後像第 149 頁的插圖一樣雙掌輕輕交扣往前後甩動，並朝天空吐出負面情感，然後導入正面情感。而第 95 頁中介紹的獅子吐水，則是想像眼前有個虛擬的垃圾桶，盡情朝裡面吐出負面情感然後丟掉的方法。無論是哪種方法，訣竅都在於要好好感受負面情感後再丟掉。

萬一陷入嚴重恐慌，大腦神經的聯絡網會斷訊，與五感或身體感覺分離，可能引發自我意識離開身體，或是無法感受外界訊息的「解離症狀」。

一旦演變成如此，甚至會出現魂不附體、思考能力和情緒和感覺和記憶都喪失，回過神來時發現有一段時間整個人空白，這種情況稱為「內在恐慌」。這是突然且無意識下發生的情況，因此很難預防。不過這段時間內不會因為失神而跌倒或發生痙攣，意思是即使因為突然的計畫變更陷入恐慌，也幾乎不會造成無可挽回的憾事。

HSP 很不擅長應對計畫變更，要是發現自己因為計畫變更快要出現恐慌時，就告訴身旁的人自己的情況，一個人安靜地休息一下。只要知道自己可以在有狀況時安心休息，嚴重恐慌就會慢慢不再發生。

同時做好計畫可能會臨時變更的準備，擬定幾個自己的應對方式會更安心，例如事先向對方確認「計畫有沒有變更的可能？」或是「計畫生變時有誰會在什麼時候之前和我聯絡嗎？」，**然後根據這些資訊演練幾個狀況（模擬訓練），了解計畫改變時自己可以怎麼做，這樣就會有一定程度的心理準備了。**這時候不要只在腦海中模擬，利用身體做模擬訓練會更好。像這樣事前用身體感覺來訓練，不但可以更快回想起來，嘴巴和身體也更容易在無意識間按照訓練的內容動起來。

如果是自己改變計畫的情況，通常不會發生恐慌，就像被戳到痛處或被人問很多問題時會驚慌失措，但自己問再多問題也不會恐慌一樣，**這是因為自己要做的事都已經在無意識間做好了「事前心理準備」的關係。**無論什麼事都不忘事前模擬的話，內心就可以輕鬆一些。

身爲 HSP 的敏美③

嘔吐效果

屏障

CHAPTER

4

HSP
才做得到的事

以上報告，謝謝各位聆聽
拍手
拍手
拍手

接下來是客服部的報告
心驚

請代表者上台
叩咚
好、好！

大家都是南瓜……
咻～
心跳
加速
這裡是南瓜田

糟糕，大家都聽累了……

不行，我一定要有自信
勾到
啊！

啪！
吵雜
窸窸
窣窣
怎麼了？
七嘴八舌
怎……
太黑了看不到

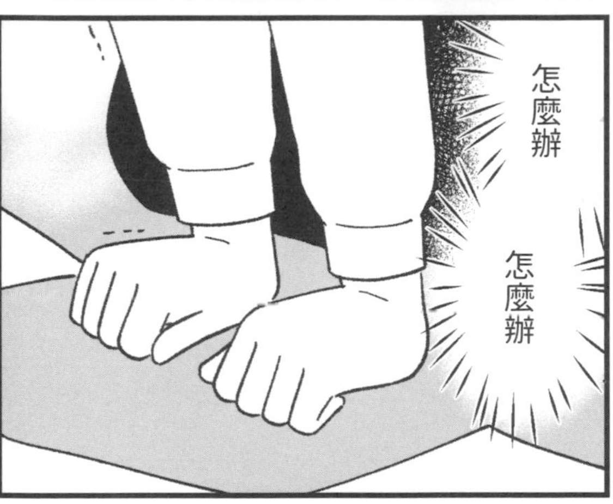
怎麼辦
怎麼辦

我果然很沒用每次都這樣

泛淚
妳還好嗎？

有沒有受傷？
只是電源線掉了
插上

別擔心！
加油！
點頭

那個……剛才很抱歉

我是代表客服部的深井

在報告開始之前
有件事要和大家說明
握緊

我……
凝重
？
其實

非常容易緊張
大聲

哎呀呀，看就知道了
就是說呀
真好懂呢

為了今天的報告，我在腦內模擬了好幾次
搞錯日期，沒有半個人出現……
結果腦中想的都是失敗場面……
弄錯投影片……

好幾次都想要乾脆放棄
結果又討厭這麼想的自己

不過，最近我有機會認識這就是我
啪
HSP 是什麼
開始稍微理解自己了

HSP？那是什麼？
竊竊私語
你知道嗎？
沒錯，HSP是指……

哦～
七嘴八舌
搞不好我也是

太好了，大家比想像的更友善
鬆一口氣
呼～

我說啊，這些只是不想努力的人的藉口！
出現了！
業務部 雜賀部長
最近很多人覺得只要說個病名，就能逃避來自社會的責任
啊，不是的

HSP不是病名……
總之呢……
啊，對了！

深井妳之前不是有幫我抓到錯誤嗎？

本來以為只是太累了就繼續工作，是深井叫我一定要去看醫生

結果看了醫生才知道是流感

蛤？已經燒到38度了!?

可以察覺到本人都沒發現的事，不覺得很厲害嗎？

這麼說起來，之前室外機的事也是……
對呀

雜賀部長，她不是也幫你找出很多企畫書的錯字嗎？
真的耶（笑）
那、那個是……

可以發現很多東西，HSP很厲害吧
各位……

你們都看到了我的優點

爲什麼我會覺得HSP根本沒有優點呢
握緊

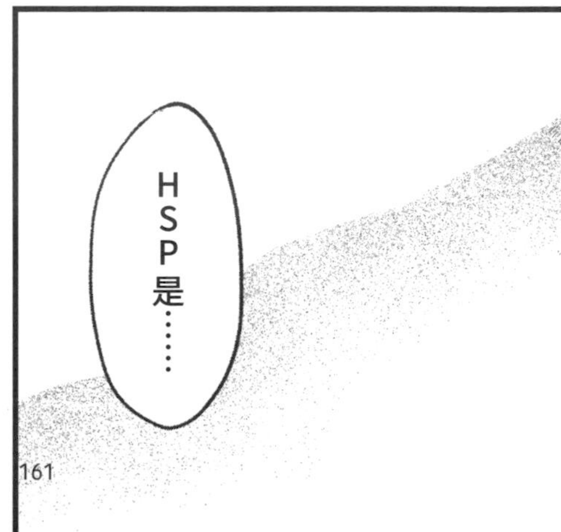
HSP是……

HSP是個性

沒有比較優秀
但是也沒有比較差

如果各位能夠認知這只是單純的差異並接受
那就再好不過了

以上是我的報告
謝謝各位聆聽

拍手

拍手
拍手
拍手
拍手

拍手
拍手

將過度敏感的特質轉爲「優點」

先前我們都聚焦在ＨＳＰ感受到的「活得好累」，不過敏感絕對不等於缺點。

ＨＳＰ的敏感是天生特質，只是端看環境是活用或是扼殺此特質，特質本身並沒有「好或不好」。

重要的是如何發揮個人的思考模式及特徵，切記要以自己為重心，思考該怎麼發揮身為ＨＳＰ的自己的能力。

本章中會介紹幾項「發揮ＨＳＰ特質」的訣竅。

首先粗略羅列幾樣「ＨＳＰ才做得到的事」。

必須先理解ＨＳＰ特質的優點，並選擇適合的環境，才能夠發揮自己的能力。

「HSP獨特的優點」

- 可以深入理解事物
- 思考及談話內容富有洞察力
- 可以發現他人沒注意到的失誤
- 能夠提出一針見血的問題和錯誤
- 可以貼近他人的心情
- 共感能力高
- 溫和誠實、高道德良知
- 能夠為了他人行動
- 具使命感和向上之心
- 可以感同身受地傾聽他人的話
- 具藝術品味
- 有強烈正義感且個性認真
- 感受性豐富，能夠發掘許多美麗或讓人心曠神怡之物

- 謹慎很少發生失誤
- 工作很仔細
- 擁有靈感及直覺
- 富有想像力及畫面能力

怎麼樣呢？對ＨＳＰ來說這些可能都習以為常了，不過這可是非常了不起的「才華」。

請肯定身懷各種美好特質的自己，並找出可以發揮所長的地方。

如何在「人際關係」中發揮HSP最大的能力

高共感能力，會在無意識中接收到對方情緒的HSP對他人的負面情感很敏感，所以才能為他人著想，溫柔待人以避免傷害到他人。**體貼、可以讀懂人心這些特質，讓HSP在人際關係中成為珍貴的存在。**

不論是工作會議或是私下的生活場合，有沒有HSP在場，會讓氣氛完全不同。能夠敏感感受到現場氣氛，讓商議以更好的方式進行，HSP的存在絕對會使討論更順暢。

HSP的共感能力也可以運用在一對一談話中，他們可以貼近說話者的心，深有同感地傾聽，即使是在說話時，也能站在對方的立場，考量對方的心情選擇表達方式。會說話的人很多，但能夠說進對方心裡的人感覺卻很少，**而HSP就是這種少數能夠自然「說進對方內心」的一群人。**

平常HSP自然而然說出口的對話，就已經發揮了HSP的才華，只是這項才華會讓自己無法拉開與對方內心的距離，變得不分你我，容易成為支配與被支配的關係，結果為了對方犧牲自我，消耗自己成全對方。無論人際關係再怎麼圓融，一旦犧牲了自己就沒有意義了。**容易以他人為優先的HSP千萬不要忘了「要以自己為優先」**。

聯誼

在「工作」上這樣活用HSP的能力

其實有非常多工作適合在共感能力、直覺、想像力以及表現能力上具優秀才華的HSP。

適合HSP的職業有可以發揮豐富情感及想像的**畫家、演員、詩人、小說家、電影導演等藝術領域的工作，或是需要發揮靈感、品味和感受性的設計師、攝影師、文案寫作者、插畫家等具創造力的工作。**如果工作內容是經常需要一個人坐在桌子或工作檯前，以自己的步調作業的話會更好。

說到具創造力的工作，聽起來好像門檻很高，但其實企業中也有很多可以發揮創造力的工作，例如企劃業務、開發商品等，就需要活用直覺或靈感，盡早察覺顧客需求。

甚至可以說HSP是組織中不可或缺的人才，**因為HSP能夠靠敏感的感覺和直覺，發現他人沒有注意到的微小變化和異常。**

對公司來說，瑕疵品若沒有處理好，很可能成為致命傷，但是再怎麼檢查，還是很難避免出現錯誤，而可以補強這個風險的人，就是擁有敏銳感覺和直覺的HSP。對變化及異常很敏感的HSP，遇到其他人絕不會注意到的瑕疵，可以直覺感受到「有哪裡怪怪的」。而且不是只有這樣而已，具有謹慎檢查產品，追查究竟哪裡奇怪直到找出問題的毅力，也是HSP的強項。

組長！？

過去的人類很需要ＨＳＰ……!?

過去人類為了生存，不能缺少邁向未知的勇敢行為。

例如第一個吃下看起來好像可以吃的東西、前往未開拓之地等任務，或許都是由好奇心旺盛且不討厭冒險的ＨＳＳ來承擔。

另一方面，時而勸誡他們有勇無謀的行為，利用敏銳的感覺和直覺保護同伴遠離傷害的角色，則大概是由ＨＳＰ來擔任。

就像油門與煞車，各自扮演好自己的角色，人類社會才能運作至今。

人類歷史上，既沒有由ＨＳＳ單獨組成的社會，也沒有只存在ＨＳＰ的社會。

這說明了能夠應付大規模環境變化或危機情境的社會，需要不同特質的

人，而HSP也是這些多樣性的其中之一。

即使是現代社會，HSP也很有可能是使用了他們敏感的身體，來向只顧著追求便利與經濟效益的人類及社會敲響警鐘。

例如對電磁波、化學物質或輻射反應敏感的HSP，或許就是以他們的肉身在疾呼這些東西是破壞人體及地球環境的危險之物。

此外，對壓力很敏感，容易疲憊或情緒低落的特質，可能也是在警告這個壓力過剩的現代社會「不可以再繼續勉強自己了」。

各位在日常生活中也許會煩惱「自己為什麼這麼敏感」。

不過請在心中牢記，你的敏感並不是麻煩的東西，從「人類、地球、宇宙」這樣宏觀的視角來看，這是一項必要的特質。

臨床工作中習得的ＨＳＰ最新見解

最後想以ＨＳＰ的相關論文、研究，甚至是臨床工作中學到的內容為基礎，簡單談談對於ＨＳＰ較新的看法及研究資訊。

首先是「如何得到這樣的敏感性」。雖然目前普遍認為ＨＳＰ的敏感來自天生，並非後天造成，不過我在臨床工作中，看過很多ＨＳＰ隨著治療越來越敏感，或者是全新得到過度的敏感性。

越來越敏感的這個現象被稱為「過度敏感化（致敏化）」。對某個刺激容易產生反應，或是對同一個刺激的反應越來越強烈，這是對反覆發生的刺激反應漸漸變大的現象。目前的見解為這是因為神經迴路的循環承受強烈壓力，導致某處功能停止運作，為了補足該處的不足，於是部分神經過度活躍，且強度逐漸增加。另外，也有一些人是自己的「根源問題」，如親子關係、人際關係造成的心理創傷，或是自己的神經或體質特性等在作怪，導致敏感度增加，或是得到過度敏感。從這些案例中，我認為應該有不少人是因為身處的環境或是成長過程，造成對刺激的敏感程度越來越強烈，或是因此成為過度敏感的人。

還有，ＨＳＰ的「差別感受性」（Differential susceptibility）也很高。差別感受性是 Jay Belsky 等人所提出，意思是「身處在負面環境中就容易受到負面影響，身處在正面環境則容易受到正面影響」。

也就是說，即使是敏感導致神經容易亢奮、被認為精神層面很脆弱的ＨＳＰ，只要身處在感覺舒適的環境，就會受到該環境的影響，不再覺得活得很辛苦。這樣的特質並不是只發生在幼兒時期，無論從幾歲開始，只要改變環境，就能夠改變人生往更好的方向前進。

本書中之所以不停強調「創造新的環境」、「選擇好的環境」，原因就在這裡。想要改變自己，有時候必須破釜沉舟從根本改變生活方式，這也是選擇了適合自己的環境之後，人生出現一百八十度變化的多位ＨＳＰ教我的事。不要害怕，往前踏出積極的一步吧！

身爲 HSP 的敏美④

太棒了，敏美

深井良心

國家圖書館出版品預行編目資料

喜歡上高敏感的自己：看漫畫了解 HSP，學會再愛自己多一點 / 長沼睦雄著；林佩玟譯. -- 初版. -- 臺北市：平安文化, 2023.3 面； 公分. --（平安叢書；第 756 種）(UPWARD；144)
譯自：マンガでわかる 敏感すぎる自分を好きになれる本
ISBN 978-626-7181-57-7（平裝）

1.CST: 神經質性格 2.CST: 生活指導

173.73 112001436

平安叢書第 756 種
UPWARD 144

喜歡上高敏感的自己

看漫畫了解 HSP，學會再愛自己多一點

マンガでわかる
敏感すぎる自分を好きになれる本

作　　者—長沼睦雄
譯　　者—林佩玟
發 行 人—平　雲
出版發行—平安文化有限公司
台北市敦化北路 120 巷 50 號
電話◎ 02-27168888
郵撥帳號◎ 18420815 號
皇冠出版社（香港）有限公司
香港銅鑼灣道 180 號百樂商業中心
19 字樓 1903 室
電話◎ 2529-1778　傳真◎ 2527-0904
總 編 輯—許婷婷
執行主編—平　靜
責任編輯—陳思宇
美術設計—江孟達、李偉涵
行銷企劃—鄭雅方
著作完成日期— 2022 年
初版一刷日期— 2023 年 3 月
初版三刷日期— 2023 年 11 月
法律顧問—王惠光律師

讀者服務傳真專線◎02-27150507
電腦編號◎425144
ISBN◎978-626-7181-57-7
Printed in Taiwan
本書定價◎新台幣 300 元 / 港幣 100 元